Das kleine Reitabzeichen

Das kleine Reitabzeichen

Schritt für Schritt zur erfolgreichen Prüfung

Von Anne-Katrin Hagen

CADMOS

Cover und Gestaltung: Ravenstein + Partner, Verden
Illustrationen: Cornelia Koller
Titelfoto: Nicole Künzel
Druck: LVDM Linz

Printed in Austria

ISBN 978-3-86127-543-5

Inhalt

9

1 Welche Reitabzeichen gibt es und welche Reiter sind zugelassen?

Um ein deutsches Reitabzeichen zu erwerben, muss als Erstes der Basispass Pferdekunde abgelegt werden. In dieser Prüfung werden grundlegende Kenntnisse über das Pferd abgefragt. Im praktischen Teil muss der Umgang mit dem Pferd demonstriert werden. Dazu gehören das Ansprechen eines Pferdes, das Anbinden, Putzen, Satteln und Trensen, Führen und Vorführen, das Vorbeiführen an anderen Pferden (zum Beispiel auf enger Stallgasse) sowie das Loslassen des Pferdes auf der Weide. Man muss zeigen, wie bandagiert wird, und man muss Grundsätzliches über das Verladen wissen. Im theoretischen Teil muss man über das Verhalten des Pferdes, sein Bewegungsbedürfnis und die am häufigsten auftretenden Krankheiten Bescheid wissen. Dazu gehört, dass man weiß, wie viel und welches Futter ein Pferd benötigt, wie viel Auslauf es braucht und wie groß die Box sein muss. Ferner wird nach Unfallverhütung gefragt und nach dem Tierschutzgesetz. Der Basispass Pferdekunde kann von jedem abgelegt werden, der Freude und Interesse am Pferd hat und eine „körperliche und geistige Mindestreife" (APO/FN) besitzt. Man muss also nicht Reiter sein! Der bestandene Basispass ist die Grundlage aller weiteren Reitabzeichen.

Die nächste Stufe sind die **Motivationsabzeichen**. Auch hier geht es um grundlegende Kenntnisse rund um das Pferd. In der praktischen Prüfung werden jetzt erste reiterliche Fähigkeiten gefordert, wie zum Beispiel das Auf- und Absitzen, das Hintereinanderreiten und die Bahndisziplin.

Das **Kleine Hufeisen** steht meistens am Anfang der Motivationsabzeichen. Kinder und Jugendliche, die im laufenden Kalenderjahr nicht älter als 16 Jahre werden, sind zugelassen.

Das **Kombinierte Hufeisen** soll eine Verbindung des Pferdesportes zu anderen Sportarten herstellen und den Teamgeist stärken. Im Reiten ist ein von den Bewerbern selbst zusammengestellter Geschicklichkeitsparcours (kleine Hindernisse, Stangenlabyrinth und Ähnliches) zu überwinden. Kombiniert wird das Reiten zum Beispiel mit 15 Minuten Laufen, 15 Minuten Schwimmen, 30 Minuten Radfahren oder mit Handball, Fußball oder Basketball. Zugelassen sind Kinder und Jugendliche, die im laufenden Kalenderjahr nicht älter als 18 Jahre werden.

Das **Große Hufeisen** unterscheidet sich vom Kleinen Hufeisen darin, dass im praktischen Teil die Anforderungen an das Reiten gestiegen sind. So wird das Reiten eines Dressurreiter-Wettbewerbes Klasse E, Reiten im Außengelände und das Überwinden kleiner Hindernisse (70 bis 80 Zentimeter hoch) in Anlehnung an einen Springreiter-Wettbewerb verlangt. Auch hier sind Kinder und Jugendliche zugelassen, die im laufenden Kalenderjahr nicht älter als 18 Jahre werden.

Die **Reiternadel** und die **Kombinierte Reiternadel** sind in den Anforderungen ganz ähnlich wie die Hufeisen, nur dass die Bewerber mindestens 16 Jahre als sein müssen.

Das **Deutsche Reitabzeichen** ist ein **Leistungsabzeichen**. Das Reitabzeichen wird als kleines Reitabzeichen (DRA IV), in Bronze (DRA III), in Silber (DRA II), in Silber mit Lorbeer (DRA I) und in Gold vergeben. Aufgabe dieser Abzeichen ist es, praktische und theoretische Kenntnisse und Fähigkeiten im Reitsport zu vermitteln und zu überprüfen. Sie sollen eine sinnvolle Ausbildung fördern, die an den Richtlinien für Reiten und Fahren orientiert ist, und einen Anreiz schaffen, den jeweiligen Leistungsstand zu überprüfen. Das deutsche Reitabzeichen soll den Bewerbern die Möglichkeit geben, das ihrem jeweiligen Ausbildungsstand entsprechende Abzeichen abzulegen. Es soll auf die erhöhten Anforderungen weiterführender Abzeichen vorbereiten (APO/FN).

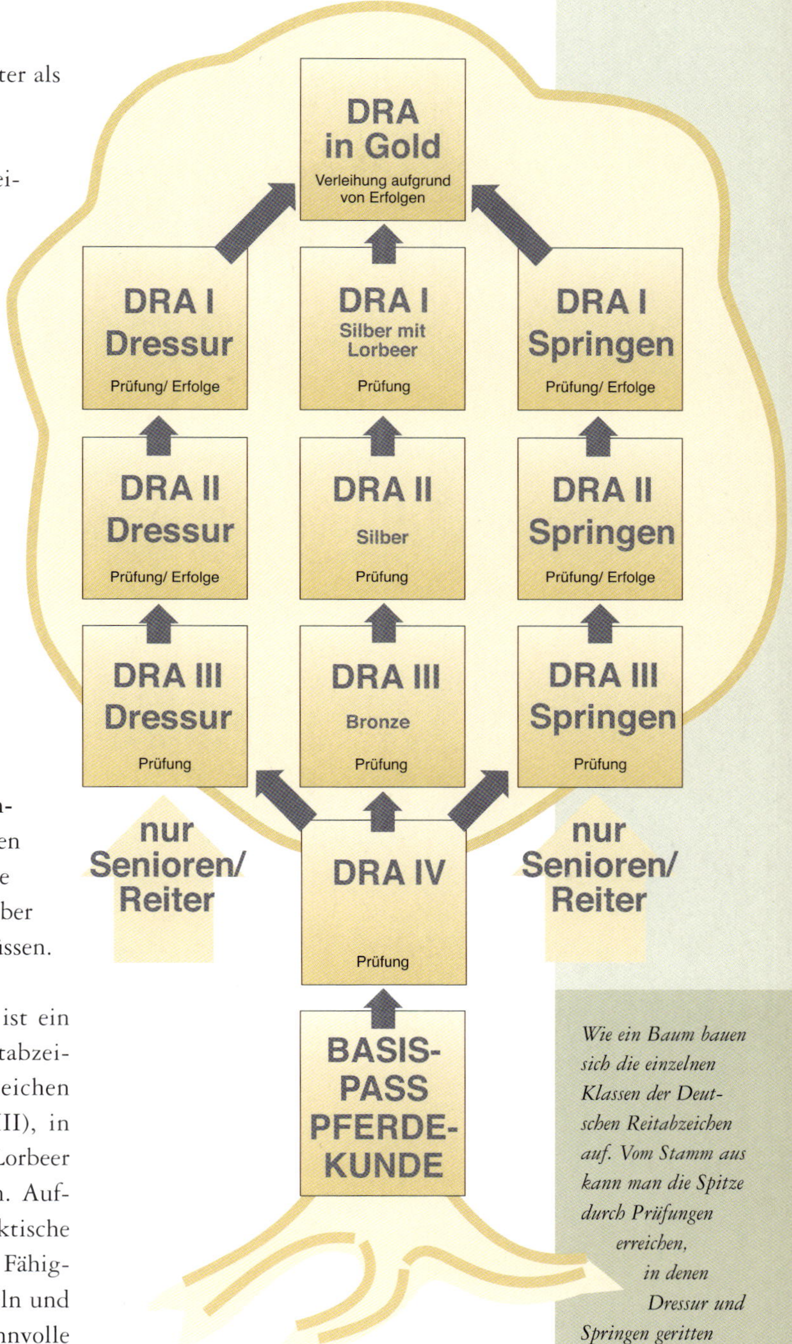

Wie ein Baum bauen sich die einzelnen Klassen der Deutschen Reitabzeichen auf. Vom Stamm aus kann man die Spitze durch Prüfungen erreichen, in denen Dressur und Springen geritten werden. Die Seitenzweige können nur Reiter und Senioren, also Prüflinge über 18 Jahre, wählen.

2 Das kleine Reitabzeichen (DRA IV)

Welche Reiter sind zugelassen?

Um zur Prüfung für das Kleine Reitabzeichen zugelassen zu werden, müssen die Bewerber die Prüfung zum Basispass Pferdekunde bestanden haben und dieses nachweisen. Es gibt keine Altersbeschränkung, und es ist ohne Bedeutung, ob bereits ein oder mehrere Motivationsabzeichen bestanden wurden.

Welche Pferde sind zugelassen?

Zugelassen sind fünfjährige und ältere Pferde, die den Anforderungen der Klasse E in Springen und Dressur entsprechen. Es ist erlaubt, in Dressur und Springen zwei verschiedene Pferde zu reiten. Jedes Pferd darf aber je Prüfung nur zweimal starten. Der praktische Teil besteht aus zwei beziehungsweise drei Teilen; hinzu kommt eine theoretische Prüfung.

Teilprüfung Dressur

Nach Weisung der Richter wird einzeln oder in der Abteilung eine Dressurreiterprüfung in Anlehnung an die Klasse E geritten. Die Richter können gegebenenfalls einen Pferdewechsel anordnen. Ausbinder, Dreieckszügel und Stoßzügel sind erlaubt. Beurteilt werden Sitz und Einwirkung des Reiters mit Wertnoten zwischen 10 und 0.

Teilprüfung Springen

Bei dieser Prüfung wird ein Stilspringen der Klasse E (Springreiterprüfung) mit sechs bis acht Hindernissen verlangt, die 80 bis 90 Zentimeter hoch sind. Beurteilt werden Sitz und Einwirkung des Reiters sowie die harmonische Bewältigung der gestellten Aufgabe, das heißt der gut eingeteilte Ritt durch den Parcours und der Gesamteindruck mit einer Wertnote zwischen 10 und 0. Es gibt keine Abzüge für Hindernisfehler, Verweigerungen oder Sturz. Der dritte Ungehorsam beziehungsweise der zweite Sturz führen allerdings zum Ausschluss.

Teilprüfung Geländereiten

Wenn zusätzlich ein Geländereiterwettbewerb mit einer Wertnote von mindestens 5,0 bestanden wurde, wird das „DRA IV mit Sonderauszeichnung" vergeben. Diese Teilprüfung kann zeitlich unabhängig nach den anderen Teilprüfungen geritten werden.

Teilprüfung Theorie

Bei dieser Prüfung wiederholen sich zunächst die Fragen aus dem Basispass. Zusätzlich werden jedoch genauere Kenntnisse der Reitlehre im Rahmen der Klasse E gefordert. Außerdem sollte man über die wesentlichen Punkte des Tierschutzgesetzes und das reiterliche Verhalten auf der Straße, im Feld und im Wald Bescheid wissen.

Kann die Prüfung wiederholt werden?

Das Kleine Reitabzeichen ist bestanden, wenn in den Teilprüfungen Dressur, Springen und Theorie jeweils mindestens die Wertnote 5,0 erreicht wurde. Auf dem Reitausweis, den man mit der bestandenen Prüfung beantragen kann, wird man in die Leistungsklasse 6 eingetragen.

Auch wenn in nur einer Teilprüfung (außer Geländereiten) die Wertnote 5,0 nicht erreicht, die Teilprüfung also nicht bestanden wurde, muss die ganze Prüfung wiederholt werden. Das kann frühestens nach drei Monaten geschehen.

3 Ausrüstung

Reithelme mit Drei-Punkt-Befestigung
Foto: P. Prohn

Reithelm mit Vier-Punkt-Befestigung
Foto: Künzel

Die Ausrüstung des Reiters

Folgende Ausrüstungsgegenstände gehören zur täglichen Ausrüstung des Reiters:

Eine **splitterfreie Reitkappe** oder ein **Reithelm** mit Drei- beziehungsweise Vierpunktbefestigung. Beide sollten gut angepasst werden, weil sie sonst nicht sicher genug schützen können. Sind sie zu klein, klemmen sie und verursachen Kopfschmerzen; sind sie zu groß, rutschen sie. Jeder Reiter sollte seine eigene Kappe besitzen, weil die der Schwester sicher nicht korrekt passt. Der Reithelm oder Military-Helm bekommt einen Bezug aus farbiger Seide, Samt oder einer Microfaser; das sieht einfach netter aus. Für Prüfungen und zum dunklen Jackett sollte ein Überzug in gedeckter Farbe gewählt werden.

Eine **Reithose**. Am beliebtesten ist die Stiefelhose. Eine Jodhpurhose, zu der die nicht so kostspieligen Stiefeletten getragen werden, ist ebenfalls sinnvoll. Die Reithose sollte gut passen und keine Falten werfen, weil diese schmerzhaft scheuern könnten. Ob die Hose nur Knieverstärkung, Knieleder oder Vollleder-Besatz hat, ist eine Geschmacks- und Kostenfrage. Zu Beginn einer hoffentlich langen Reiterkarriere ist eine Jodhpurhose mit Knieverstärkung völlig ausreichend! Zur Reitabzeichen-Prüfung ist eine helle (cremefarben, weiß oder hellgrau) Stiefel- oder Jodhpurhose korrekt.

Eine Jodhpurhose mit Stiefeletten ist bequem, kann gut mitwachsen und ist trotzdem korrekt Foto: P. Prohn

Stiefel: Zur Stiefelhose gehört der lange Schaftstiefel. Er sollte bis an die Kniekehle reichen. Ist er kürzer, besteht die Gefahr, dass man mit dem Schaft unter das Schweißblatt des Sattels hakt. Das kann eine gefährliche Situation ergeben. Unbedingt sollten Stiefel wie auch Stiefeletten bis zum Absatz durchgehende glatte Sohlen haben! Ist die Sohle angesetzt, was meistens nach der ersten Reparatur der Fall ist, löst sie sich an der Ansatzstelle nach einiger Zeit. Sie kann sich dann, wie auch eine starke Profilsohle, nur zu leicht bei einem Sturz im Bügel verhaken und verhindern, dass der Fuß sofort aus dem Bügel rutscht. Ob man sich für Leder- oder für Gummistiefel entscheidet, ist eine Kostenfrage. Für Kinder im Wachstumsalter sind die (weniger teu-

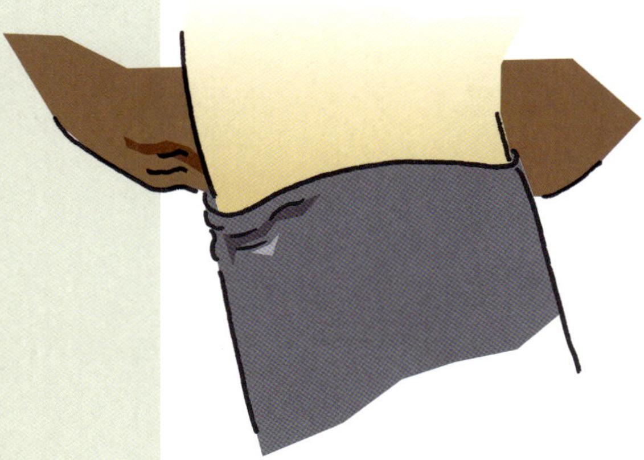

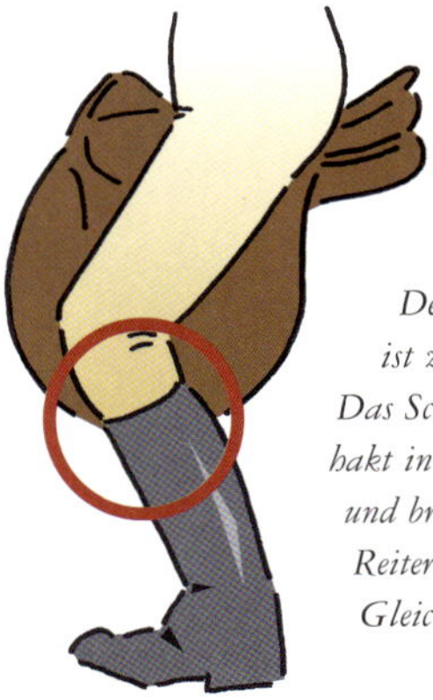

Der Stiefel ist zu kurz! Das Schweißblatt hakt in den Stiefel und bringt den Reiter aus dem Gleichgewicht.

ren) Gummistiefel ausreichend. Zur Prüfung und für eventuelle Turnierstarts gehören schwarze Stiefel zum korrekten Anzug.

Es ist sinnvoll, mit **Reithandschuhen** zu reiten. Mit kalten, klammen Fingern ist eine gefühlvolle Zügelführung kaum möglich. Reithandschuhe haben Verstärkungen zwischen dem Ring- und dem kleinen Finger sowie am Daumen und Zeigefinger. Dort werden sie durch den Zügel am stärksten strapaziert. Am Handgelenk sollten sie gut abschließen. Es gibt Handschuhe in den verschiedensten Ausführungen: in Baumwolle, in Wolle, gehäkelt mit Leder und ganz in Leder. Zum Turnieranzug gehören weiße Handschuhe.

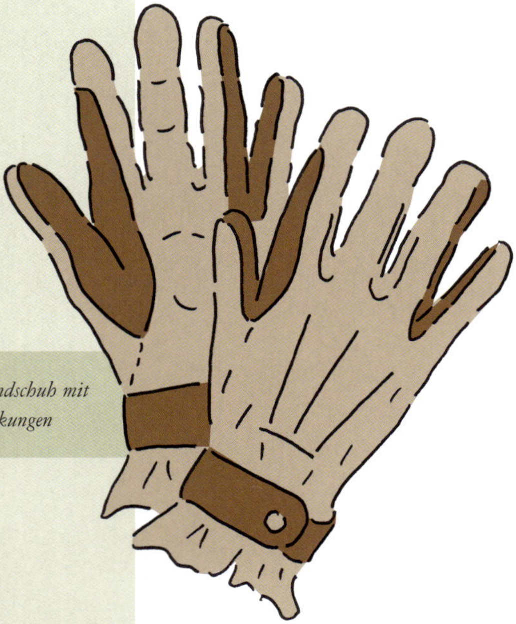

Reithandschuh mit Verstärkungen

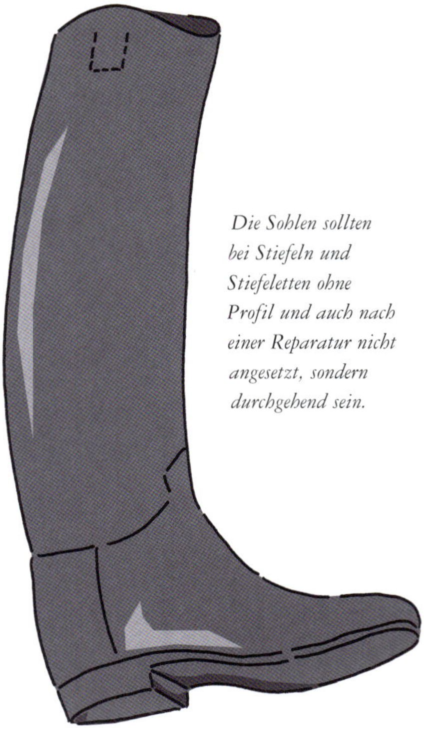

Die Sohlen sollten bei Stiefeln und Stiefeletten ohne Profil und auch nach einer Reparatur nicht angesetzt, sondern durchgehend sein.

Die Sporen vier bis fünf Fingerbreit über dem Absatz anlegen. Der Dorn weist nach unten, die Sporenriemenschnalle liegt außen am Stiefel.

Die **Sporen** werden mit dem Sporenriemen (geflochtenes Plastikband oder Leder) vier bis fünf Fingerbreit über dem Absatz fest angeschnallt, so dass sie nicht nach unten kippen können. Der Dorn muss so beschaffen sein, dass er das Pferd nicht verletzen kann. Er darf für Pferde nicht länger als 4,5 Zentimeter und für Ponys nicht länger als 3,5 Zentimeter sein.

Die **Gerte** sollte elastisch, aber nicht zu weich sein, weil sie sonst wippen und das Pferd ungewollt touchieren könnte. Dressurgerten sind nur bis zu einer Länge einschließlich Schlag von 1,20 Meter erlaubt. Die Springklatsche ist kürzer (0,75 Meter) und hat am Ende eine verbreiterte Lederschlaufe oder zwei kleine Lederlappen, die klatschen, wenn die Springgerte eingesetzt wird.

Das **Jackett** gehört zum vorschriftsmäßigen Turnieranzug und auch zur Reitabzeichenprüfung. Es sollte dunkelblau oder schwarz sein. Es sieht nur dann gut aus, wenn es korrekt sitzt. Ist die Rückenpartie zu lang (Jackett wurde auf Zuwachs gekauft), erscheint der Rücken rund und krumm. Die Richter

Die Gerten werden immer einschließlich Schlag gemessen

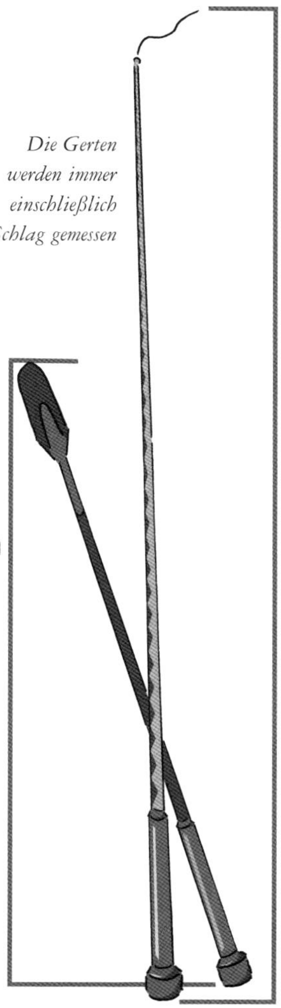

Weiße Krawatte (Damen tragen sie mit Schmucknadel) ist zum Springen korrekt

Das Plastron gehört zu Zylinder oder Melone und ist in Dressurprüfungen korrekt

haben es dann sehr schwer, den Sitz richtig zu beurteilen. In den Prüfungen der Kategorie C und auch beim Kleinen Reitabzeichen ist es dann besser, eine gut sitzende Weste oder einen eng anliegenden V-Pulli in einer gedeckten Farbe zu tragen.

Zum weißen Hemd beziehungsweise zur weißen Hemdbluse gehört zur Prüfung eine **weiße Krawatte** oder ein **Plastron**. Beides sollte mit einer Schmucknadel festgesteckt werden. Auch die Enden der Krawatte beziehungsweise des Plastrons müssen befestigt werden, damit sie beim Reiten nicht aus dem Jackett wehen.

Was für den Turnieranzug gilt, hat auch für das tägliche Training, den Unterricht und den Ritt durch Feld und Wald Gültigkeit: die Kleidung muss funktionell und zweckmäßig sein. Zu weite, zu lange und flatternde Pullis und Jacken sind gefährlich!

Die Ausrüstung des Pferdes

Die Grundausrüstung des Pferdes besteht aus Sattel und Zaumzeug, also Trense oder Kandare. Dazu kommen eventuell noch Ausbindezügel, Martingal, diverse Hilfszügel, Vorderzeug und Vorgurt, Bandagen und Gamaschen.

Sattel

Es werden drei Satteltypen unterschieden: Der **Dressursattel** hat lange Sattelblätter, die vorne in langer gerader Linie ohne oder mit nur geringen Pauschen abwärts verlaufen. Der Sattelkranz ist etwas hochgezogen und die Sitzfläche liegt tief, das heißt dicht am Pferderücken. Die Sattelblätter beim **Springsattel** sind kürzer und weit vorgebaut mit stark ausgeprägten Pauschen. Die Sitzfläche ist lang und flach. Damit wird eine größere Bewegungsfreiheit ermöglicht. Der **Vielseitigkeitssattel** ist eine Zwischenform von Dressur- und Springsattel und ist am zweckmäßigsten für die Grundausbildung von Reiter und Pferd.

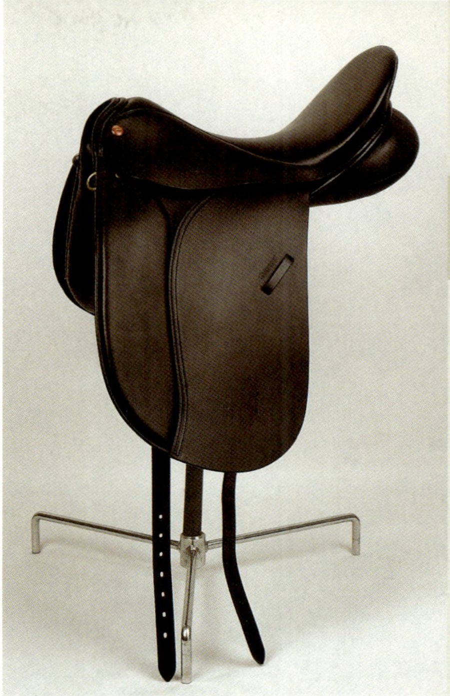

Dressursattel
Foto: P. Prohn

Bei allen Satteltypen muss der tiefste Punkt in der Mitte der Sitzfläche liegen. Ein nicht passender Sattel verursacht sehr schmerzhafte Druck- und Scheuerstellen am Pferd, die nur langsam abheilen.

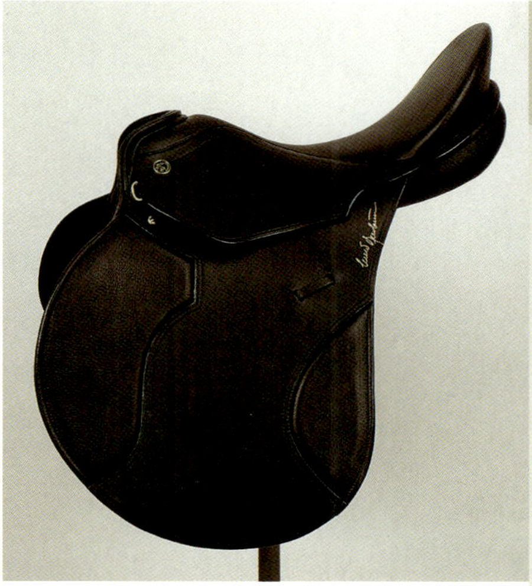

Springsattel
Foto: P. Prohn

Die Grundlage des Sattels ist der **Sattelbaum**. Er kann aus Stahl, Holz oder Kunststoff bestehen. Der vordere hochgewölbte Teil ist die **Sattelkammer**. Sie muss so hoch sein, dass auch dann, wenn der Reiter im Sattel sitzt, kein Druck auf den Widerrist entsteht, weil dort die langen Dornfortsätze unmittelbar unter der Haut liegen. Diese Stelle des Pferdekörpers ist sehr empfindlich. Der mittlere Teil des Sattels mit dem tiefsten Punkt ist die **Sitzfläche**. Der hintere Abschluss heißt **Sattelkranz**. Zu beiden Seiten schließen sich die **Sattelblätter** an, an deren oberem Teil sich unter einem Lederdeckel die **Sturzfeder** befindet. Diese Feder, auch **Steigbügelfeder** genannt, muss häufig auf ihre Funktionsfähigkeit geprüft und mit Nähmaschinenöl gefettet werden, weil in sie die Steigbügelriemen eingehängt werden. Die Feder muss sich im Falle eines Sturzes öffnen, um den Bügelriemen mit Bügel und Reiterfuß freizugeben.

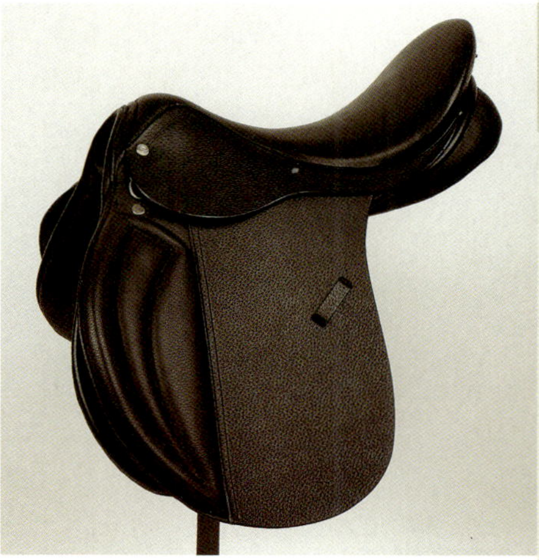

Vielseitigkeitssattel
Foto: P. Prohn

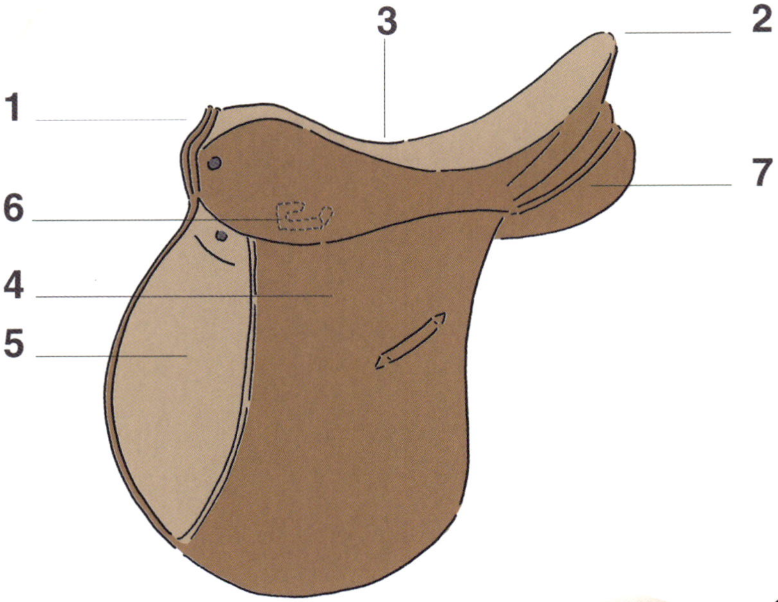

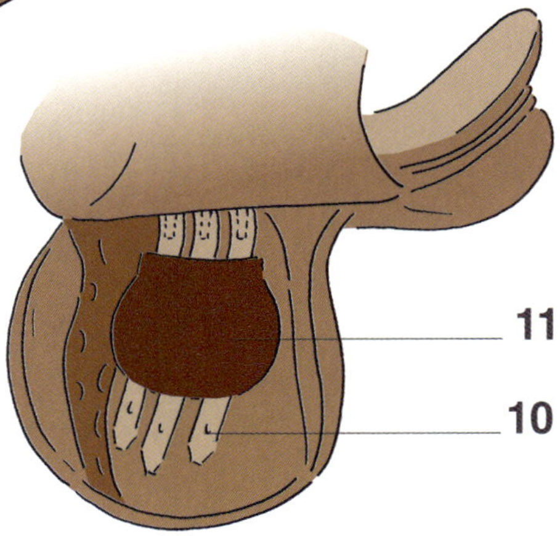

1 Vorderzwiesel
2 Hinterzwiesel/ Sattelkranz
3 Sitzfläche
4 Sattelblatt
5 Pauschen
6 Sturzfeder
7 Sattelkissen
8 Kammer
9 Schweißblatt
10 Gurtstrupfen
11 Deckblatt

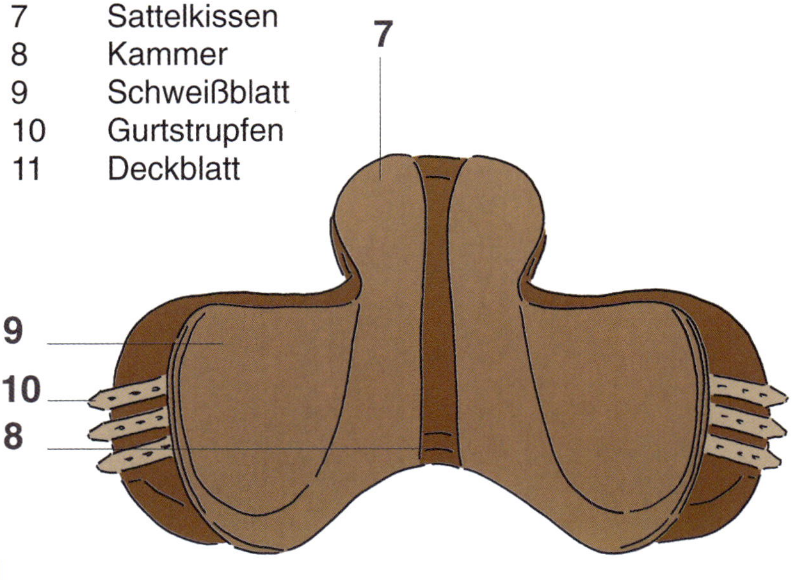

Auch die **Steigbügelriemen** müssen ständig kontrolliert werden. Sie sollten aus geschmeidigem haltbarem Leder bestehen und keine Risse oder brüchigen Stellen aufweisen. Die Nähte an den Schnallen sollten stets in Ordnung sein. Der **Steigbügel** muss aus glattem, schwerem Metall und genügend breit sein, damit er mit dem Fuß schnell aufgenommen und losgelassen werden kann. Es gibt verschiedene Sorten von Sicherheitsbügeln, die im Falle eines Sturzes den Fuß des Reiters schnell freigeben. Für das Dressurreiten ist aber der glatte, schwere Fillisbügel üblich. Eine genoppte Gummieinlage gibt dem Stiefel zusätzlichen Halt. Unter den Sattelblättern befinden sich die **Sattelgurtstrupfen**. Bei Spring- und Vielseitigkeitssätteln sind es in der Regel drei, bei einigen Dressursätteln mit Kurzgurt manchmal nur zwei Strupfen, die dann v-förmig angeordnet sind. Auch die Gurtstrupfen sollten stets in tadellosem Zustand sein!

Der Sattel von unten: Von der Sattelkammer bis zum Sattelkranz verlaufen auf beiden Seiten die **Sattelkissen** (Polster) und zwischen ihnen der **Satteltunnel**. Die Sattelkissen müssen möglichst lang und breit auf dem Pferderücken aufliegen, um den Druck des Reitergewichtes auf eine möglichst breite Fläche zu verteilen. Ältere Sättel müssen gegebenenfalls einmal aufgepolstert werden. Der Satteltunnel muss so breit sein, dass zwei bis drei Zentimeter neben der Wirbelsäule des Pferdes ohne Belastung sind. Die **Schweißblätter** schützen das Pferd vor den Strupfen und Sattelgurtschnallen sowie den Sattel vor dem Schweiß des Pferdes. Auf die Schweißblätter sind die **Sattelpauschen** aufgearbeitet (bei Springsätteln stark und erhaben, bei Dressursätteln gering und flach oder sie fehlen ganz). Der **Sattelgurt** besteht aus vielen Schnüren (für Turniere in weiß) oder aus Leder. Er muss breit genug sein, um nicht einzuschnüren. Für Dressursättel gibt es den Kurzgurt, der dann aber entsprechend längere Strupfen erfordert. Der Kurzgurt hat den Vorteil, dass die Schnallen außerhalb des Beinbereiches des Reiters liegen. Nachteilig ist, dass manche Reiter Schwierigkeiten beim Nachgurten haben, weil die Schnallen so tief am Pferdeleib liegen. Die **Satteldecke** (für Turnierprüfungen in weiß) hat den Zweck, den Schweiß des Pferdes aufzusaugen und so den Sattel zu schützen. Es gibt sie in der Form des Sattels geschnitten oder größer als Viereck. Letztere heißen Schabracke. Satteldecken sollten stets sauber sein und müssen faltenfrei auf das Pferd gelegt werden (das „Kammern“ nicht vergessen!), um Druckstellen zu vermeiden.

Ein schlecht passender Sattel oder nachlässiges Satteln kann dem Pferd Schmerzen und Schaden zufügen. Ein ungepflegter Sattel ist eine Gefahr für Reiter und Pferd!

Bei Pferden mit wenig ausgeprägter Sattellage (geringer Widerrist) verhindert ein **Vorgurt** das Verrutschen des Sattels nach vorn. Das **Vorderzeug** verhindert ein Zurückrutschen, falls das Pferd eine geringe Rippenwölbung hat. Auch der **Schweifriemen** verhindert, dass der Sattel nach vorn rutscht. Ein Vorgurt ist für Dressurprüfungen und

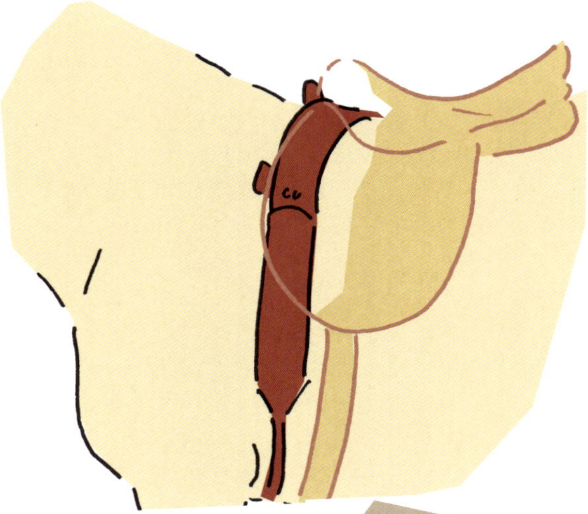

Ein Vorgurt muss sehr gut verpasst werden, damit er nicht scheuert und drückt.

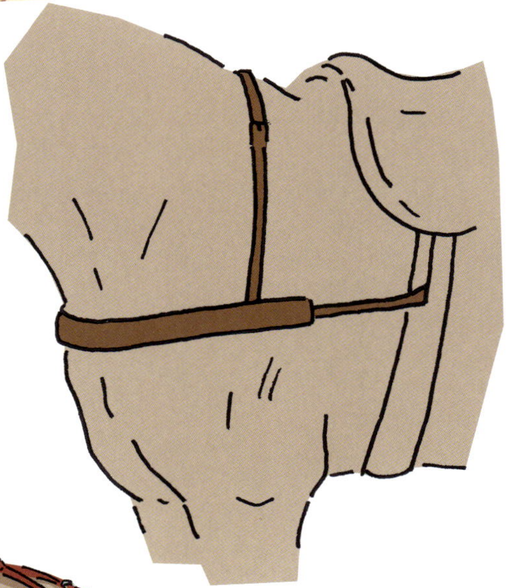

Ein Vorderzeug ist nur beim Reiten über Hindernisse erlaubt sowie bei der Teilprüfung Dressur im Rahmen einer Vielseitigkeitsprüfung.

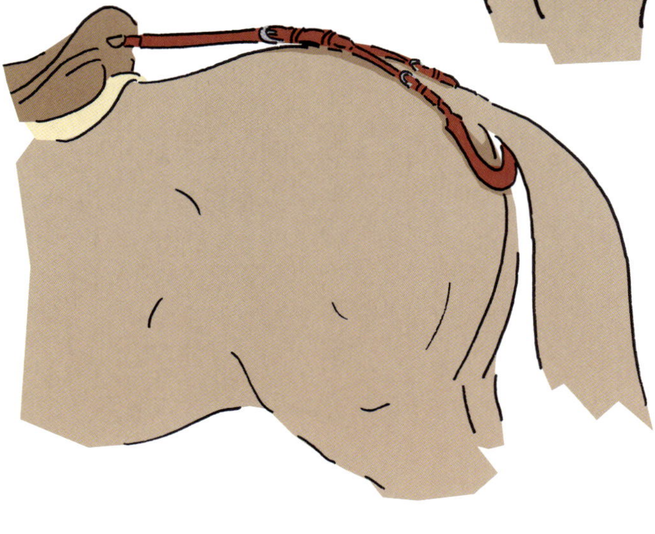

Ein Schweifriemen ist nur für Ponys erlaubt

Die Teile einer Trense

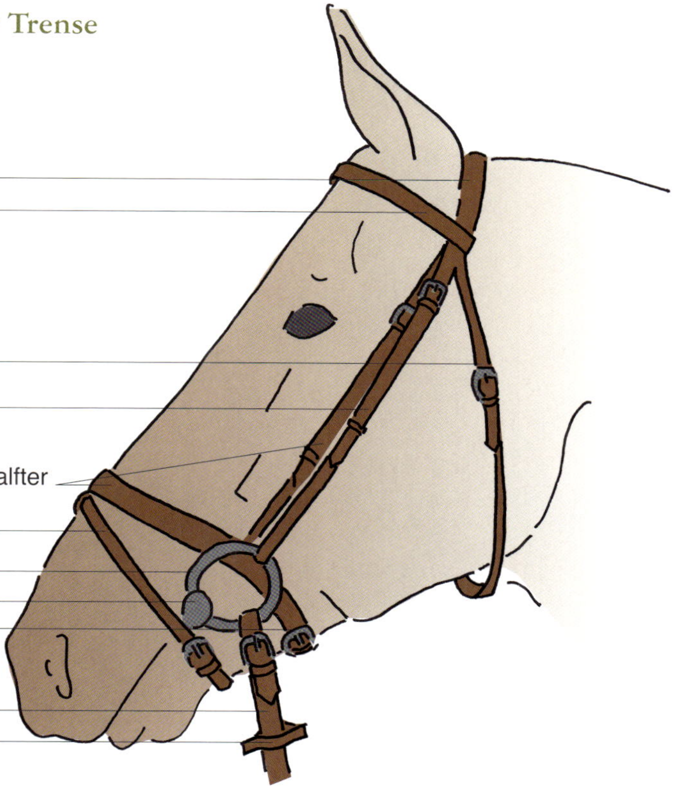

ein Vorderzeug bei allen Wettbewerben über Hindernisse erlaubt. Der Schweifriemen ist nur für Ponys gestattet.

Trense

Die Trense ist für die Grundausbildung die geeignetste Zäumung und bis Klasse L vorgeschrieben. Dies gilt sowohl für die Dressur-Arbeit wie auch für das Springen und das Reiten im Gelände. Die Trensenzäumung besteht aus zwei Hauptbestandteilen: dem Trensenzaum mit Gebiss und Zügeln und dem Reithalfter.

Trensengebisse wirken über die Zunge auf die Kinnladen des Pferdes. Das Gebiss liegt im zahnlosen Zwischenraum des Unterkiefers, der so genannten Lade. Je dünner ein Gebiss ist, desto schärfer ist seine Wirkung. Ein dickes Mundstück wird von den meisten Pferden problemlos angenommen, sofern es nicht zu dick ist, um angenehm im Maul zu liegen. Das hängt natürlich

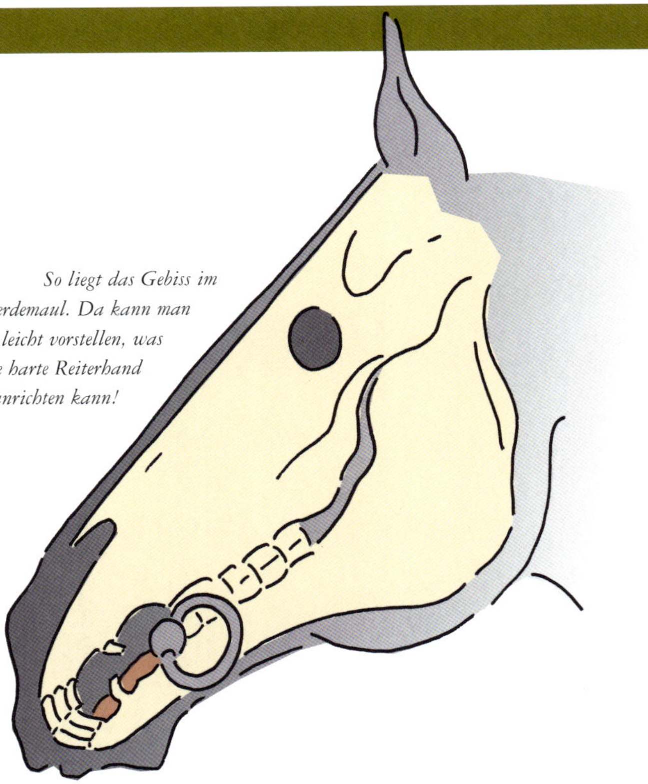

So liegt das Gebiss im Pferdemaul. Da kann man sich leicht vorstellen, was eine harte Reiterhand anrichten kann!

von der Größe des Pferdemaules ab. Ein Gebiss sollte mindestens 14 Millimeter dick sein, dicht an den Trensenringen gemessen. Die Länge des Gebisses muss in jedem Fall der Breite des Maules entsprechen. Ein zu schmales Gebiss klemmt die Maulwinkel ein, zu lange Gebisse wirken wie Nussknacker auf die Unterkiefer. Dass die Gebisse nicht abgenutzt oder gar rostig sein dürfen, versteht sich von selbst. Besonderes Augenmerk muss man auf die Löcher des Mundstückes, durch die die Ringe laufen, richten. Mit der Zeit werden die Kanten scharf und rissig, sie schlagen aus. Das kann schmerzhafte Riss- und Klemmwunden am Pferdemaul geben. Es gibt unterschiedliche Formen der Gebisse. Sie können einfach gebrochen oder doppelt gebrochen sein. Beide Formen gibt es als Wassertrense oder

Die Länge des Gebisses wird mit einem Zollstock, die Dicke mit einer Schublehre gemessen.

Einfach gebrochene Wassertrense
Foto: P. Prohn

Doppelt gebrochene Wassertrense
Foto: P. Prohn

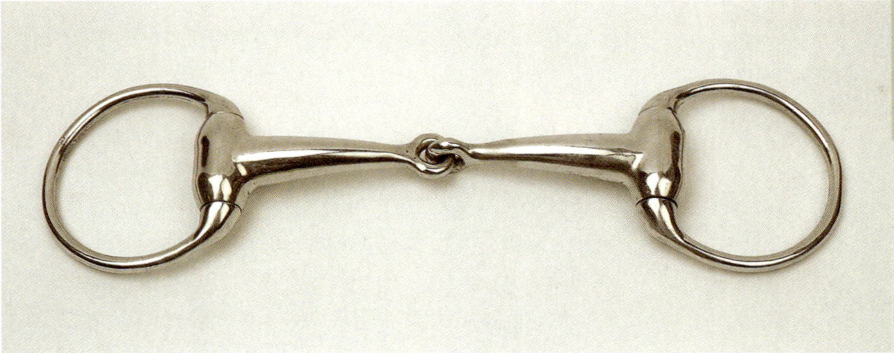

Einfach gebrochene Olivenkopftrense
Foto: P. Prohn

Doppelt gebrochene Olivenkopftrense
Foto: P. Prohn

Korrekt verpasste Trense mit kombiniertem Reithalfter Foto: P. Prohn

als Olivenkopftrense. Außer diesen gebräuchlichsten Trensengebissen gibt es noch eine Vielzahl anderer Formen. Welche davon im Turniersport erlaubt sind, kann man in der LPO (Leistungsprüfungsordnung) nachlesen. Die einfach- oder doppelt-gebrochene Wassertrense wirkt weich, erlaubt aber dennoch eine gute Kontrolle des Pferdes. Sie ist für junge Pferde genauso geeignet wie zur weiteren Ausbildung.

Grundsätzlich gilt: durch ein scharfes oder exotisches Gebiss kann man keine Durchlässigkeit und Rittigkeit erzwingen!

Ein Reithalfter gehört zur Trense! Ein korrekt verschnalltes Reithalfter verteilt indirekt den Druck durch das Gebiss auf den Nasenrücken und verhindert außerdem, dass das Pferd das Maul aufsperrt und sich dadurch der Zügeleinwirkung entzieht. Die Auswahl des Reithalfters ist vom Pferd abhängig.

Die beiden gebräuchlichsten sind das kombinierte und das hannoversche Reithalfter. Beim kombinierten Reithalfter wird der Nasenriemen zwei Finger breit unterhalb des Jochbeines so fest verschnallt, dass noch zwei Finger darunter geschoben werden können. Ein schmaler Riemen, der Pullerriemen, wird durch eine kleine Schlaufe am Nasenriemen gezogen, unter den Trensenringen hindurchgeführt und so am Unterkiefer verschnallt, dass ebenfalls noch zwei Finger Platz haben. Immer wird erst der Nasenriemen geschlossen und erst dann der Pullerriemen! Beim Abtrensen ist es dann umgekehrt: erst den Pullerriemen, dann den Nasenriemen lösen.

Beim hannoverschen Reithalfter liegt der Nasenriemen etwa vier Finger breit oberhalb des Nüsternrandes, also tiefer als beim kombinierten Reithalfter. Der

So muss eine Trense mit hannoverschem Reithalfter verpasst sein
Foto: P. Prohn

Kinnriemen soll so unterhalb des Trensengebisses verschnallt werden, dass noch zwei Finger zwischen Fell und Riemen passen.

Wenn man sich für dieses Reithalfter entscheidet, muss man darauf achten, dass die Atmung des Pferdes nicht behindert wird.

Hilfszügel

Durch Hilfszügel kann die Unsicherheit eines Reiters ausgeglichen werden. Durch sie kann sich der unerfahrene, lernende Reiter besser auf seinen Sitz und die Hilfengebung konzentrieren und bekommt mehr Gefühl für das

Der Stoßzügel ist nur mit einem Zwischenstück erlaubt. Es verläuft unter dem Kinn zwischen den Trensenringen und hat in der Mitte einen Ring, in den der Stoßzügel eingehakt wird.

Beiseitige Ausbinder mit Gummiringen für größere Elastizität

Pferd. Für die ersten Reiterprüfungen sind oft Stoßzügel, beidseitige Ausbindezügel, Dreieckszügel (so genannte Laufferzügel) in zwei Varianten und das gleitende Ringmartingal erlaubt. Letzteres ist ganz allgemein für alle Springkonkurrenzen und für das Geländereiten zugelassen.

Grundsätzlich muss beim Verpassen der Hilfszügel darauf geachtet werden, dass das Pferd stets die Nase vor der Senkrechten tragen kann.

Auf beide Arten kann der Dreiecks- oder Laufferzügel verschnallt werden. Er ermöglicht dem Pferd mehr Dehnung nach vorwärts-abwärts.

Beim Ringmartingal darf der Zügel nicht „gebrochen“ werden, das heißt der Riemen, der vom Sattelgurt zwischen den Vorderbeinen durchläuft, muss so locker geschnallt werden, dass die beiden Riemenzweige, an deren Enden sich die Ringe befinden, lose durchhängen, wenn das Pferd am Zügel steht.

Das gleitende Ringmartingal verhindert, dass das Pferd mit dem Kopf nach oben schlagen kann.

Bandagen und Gamaschen

Bandagen geben den Pferdebeinen Schutz, wenn sie aus festem, weichem Material bestehen (Wolle, Fleece) oder zusammen mit einem Pad verwendet werden. Die Stützwirkung ist eher gering. Bandagen müssen faltenfrei angelegt und sicher geschlossen werden. Für das Gelände sind sie nicht geeignet, weil sich Bandagen bei Nässe je nach Material entweder längen oder zusammenziehen. Beim Anlegen der Bandagen muss das Pferd das Bein belasten. Man wickelt von oben nach unten vom Röhrbein zur Sehne um den Fesselkopf herum und wieder hinauf. Man endet außen am Bein. Hat die Bandage

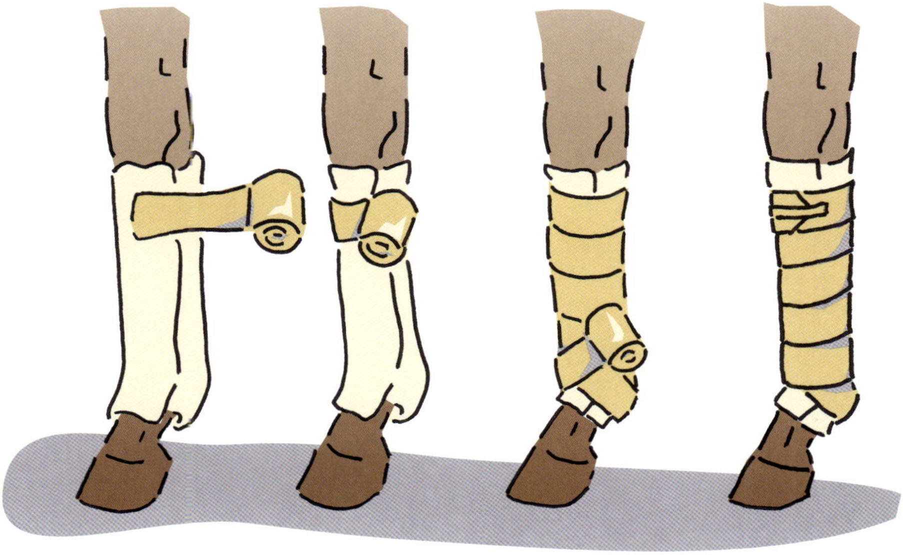

Bandagen fest genug und faltenfrei über ein Pad von oben nach unten und wieder hinauf und immer von vorn nach hinten wickeln

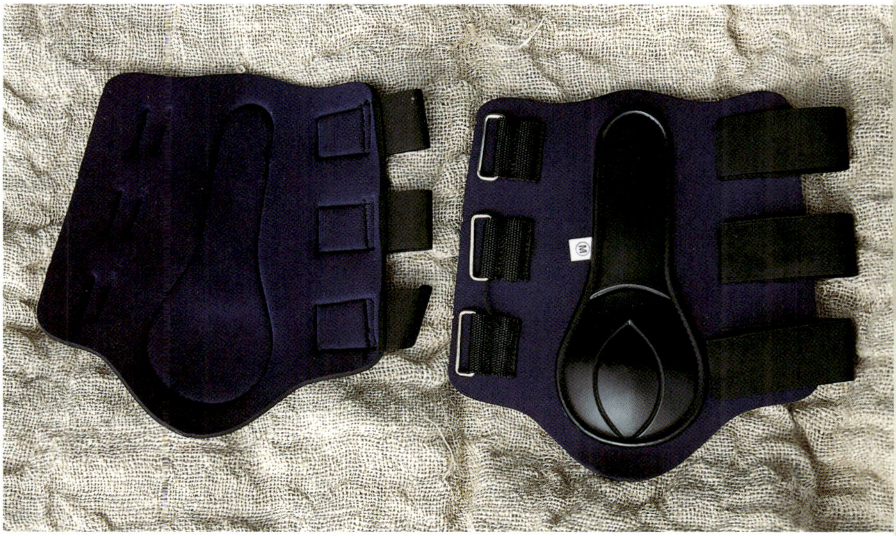

Gamaschen legt man so an, daß die „Löffel" die Innenseiten der Beine schützen. die Verschlüsse liegen außen und schließen nach hinten.
Foto: A. Schmelzer

Schnürbänder (heutzutage eher selten), werden sie gut verknotet und sorgsam zwischen Griffelbein und Sehne weggesteckt. Klettverschlüsse sorgsam in ganzer Länge schließen!

Gamaschen bieten je nach Material einen stabilen Schutz. Sie haben für die Vorder- und für die Hinterbeine unterschiedliche Formen. Die Verschlüsse liegen außen und zeigen nach hinten. Sie sind besonders gut für das Springen und für das Gelände geeignet.

Gamaschen und Bandagen sind in Dressurprüfungen und auch zur Reitabzeichenabnahme nicht erlaubt!

4 Bahndisziplin

Bevor man die Reitbahn beziehungsweise den Reitplatz betritt, ruft man laut und deutlich „Tür frei?“ und wartet die Antwort ab. „Tür frei?“ ist nämlich eine Frage und nicht etwa ein Befehl. Erst nach der Antwort „Ist frei!“ führt man sein Pferd zügig in die Mitte eines Zirkels (dass man grüßt, wenn man die Bahn betritt, und sich verabschiedet, wenn man sie verlässt, versteht sich von selbst). Dort wird noch einmal nachgegurtet und werden die Steigbügel (ohne lauten Knall!) herabgezogen. Dabei immer einen Arm durch den Zügel führen, damit das Pferd im Griff ist. Dann wird zügig aufgesessen. Im Schritt und beim Halten ist der Hufschlag etwa zwei Meter breit freizuhalten.

Wenn durcheinander geritten wird, haben die Reiter auf der linken Hand „Vorfahrt“. Die Reiter, die auf dem Zirkel reiten, weichen denen, die ganze Bahn reiten, nach innen aus. Immer genügend Sicherheitsabstand und Zwischenraum lassen und bitte auch darauf achten, dass die Gerten so getragen werden, dass andere Pferde nicht versehentlich gestreift werden. Befinden sich mehrere Reiter oder junge, ängstliche Pferde in der Bahn, wird auf einer Hand geritten. Ist kein Reitlehrer zur Stelle, übernimmt der älteste oder erfahrenste Reiter das Kommando. Er sagt etwa alle fünf Minuten Handwechsel an. Seinem Kommando ist auf dem kürzesten Wege Folge zu leisten. Longieren oder Springen ist nur erlaubt, wenn alle anderen Reiter damit einverstanden sind.

In der Reitbahn sollte man sich so leise wie möglich verhalten, um andere Reiter nicht zu stören. Also kein überlautes Reden mit dem eigenen Pferd, sich nicht mit Anderen quer durch die Halle unterhalten oder mit der Bandentür knallen. Sind Longe, Peitsche oder Hindernismaterial gebraucht worden, müssen sie ordnungsgemäß weggeräumt werden.

Die Reitbahn (20 mal 40 Meter)

In der Grundausbildung von Klasse E bis Klasse L wird auf einem Viereck 20 mal 40 Meter geritten. Das Viereck ist durch Buchstaben und Punkte markiert. Die Bahnregeln und Hufschlagfiguren sind überall gleich, auch international. Die Punkte sind die so genannten Zirkelpunkte. Dort muss die Zirkellinie den Hufschlag berühren. Einen unsichtbaren, gedachten Punkt und Buchstaben gibt es im Mittelpunkt der Bahn. Am leichtesten merkt man sich die Anordnung der Buchstaben über eine „Eselsbrücke“: im Uhrzeigersinn heißt es

Mein **B**ruder **F**ritz **K**auft **E**ine **H**ose bei **C** und **A**.

E und B werden auch HB- (Halbe Bahn) Punkte genannt. X ist der Mittelpunkt. Die Zirkelpunkte befinden

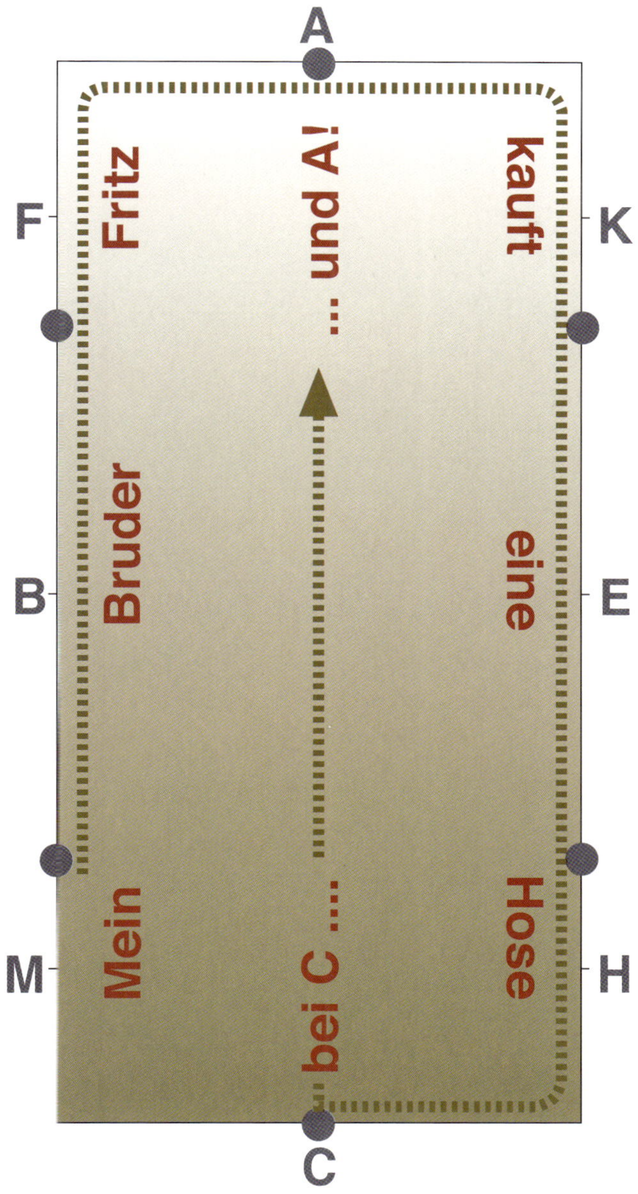

Das Dressurviereck mit Bahn- und Zirkelpunkten. Bei A wird eingeritten und bei C sitzen die Richter.

sich an den langen Seiten zehn Meter von den jeweiligen Ecken entfernt. An den kurzen Seiten fallen sie mit C und A zusammen.

Die **Hufschlagfiguren** haben sich seit alters her als Arbeitslinien bewährt. Das Reiten auf diesen Linien trägt dazu bei, ein Pferd zu lösen, die Durchlässigkeit zu fördern und es allmählich zu versammeln. Und sie ermöglichen ein gefahrloseres Durcheinanderreiten in der Bahn. Man kann eher erahnen, was ein anderer Reiter vorhat, und sich darauf einstellen.

Es gibt Hufschlagfiguren
auf **gerader Linie**

halbe Bahn
Wechsellinie durch die halbe Bahn

ganze Bahn
Wechsellinie durch die ganze Bahn

Länge der Bahn
Wechsellinie durch die Länge der Bahn

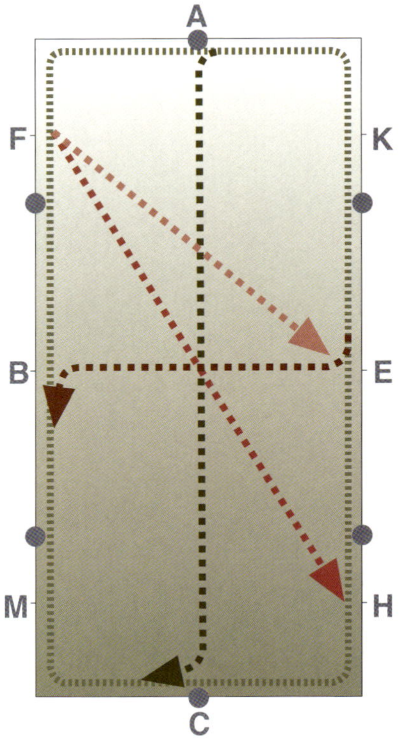

Rechts um, links um
Durch die Länge der Bahn wechseln
Durch die halbe Bahn wechseln
Durch die ganze Bahn wechseln

und auf **gebogener Linie**

auf dem Zirkel geritten

aus dem Zirkel wechseln

durch den Zirkel wechseln

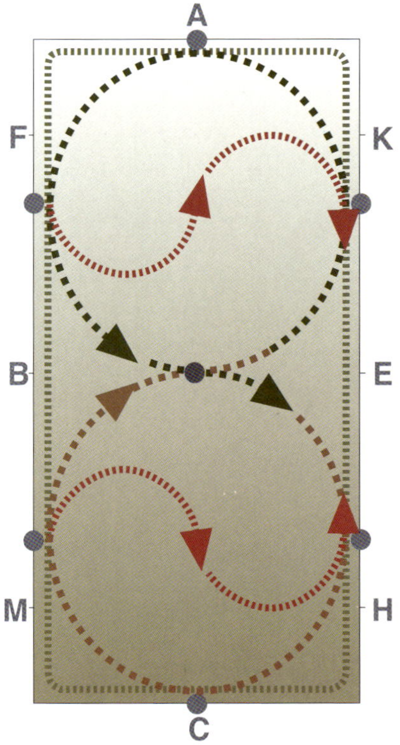

Auf dem Zirkel geritten
Aus dem Zirkel wechseln
Durch den Zirkel wechseln

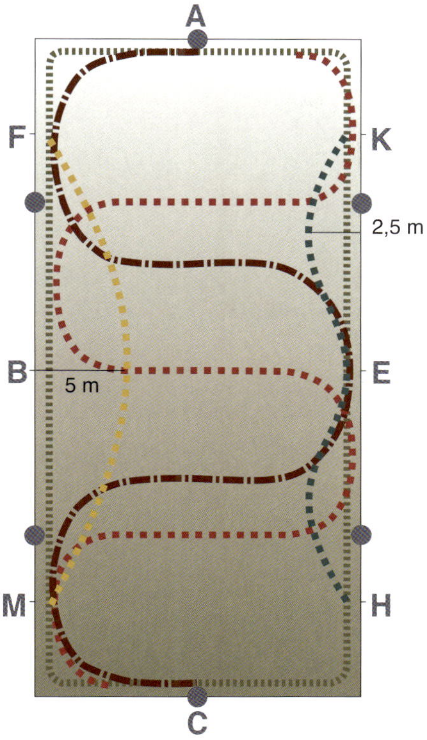

einfache und doppelte Schlangenlinien

Schlangenlinien durch die
ganze Bahn (drei und mehr Bögen)

Einfache Schlangenlinie auf der langen Seite
Doppelte Schlangenlinie auf der langen Seite
Schlangenlinien durch die ganze Bahn/ drei Bögen
Schlangenlinien durch die ganze Bahn/ vier Bögen

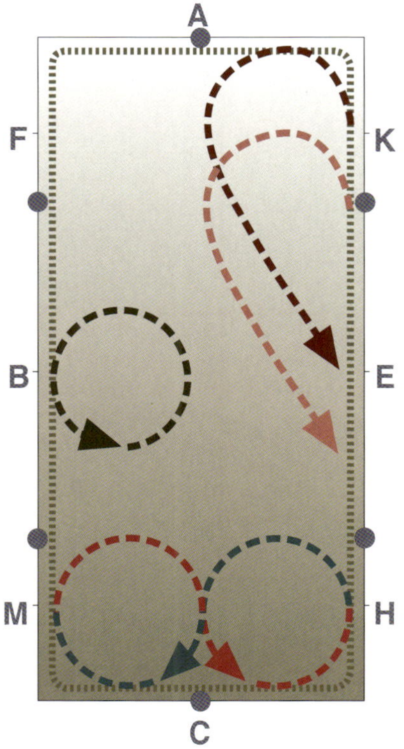

Volten und Kehrtvolten

aus der Ecke kehrt

Acht (Volte rechts, direkt anschließend
Volte links oder umgekehrt)

Aus der Ecke kehrt
Kehrtvolte
Volte
Acht

5 Der Dressursitz

Vom Ohr über Schulter- und Hüftgelenk bis hinter das Fußgelenk sollte man eine senkrechte Linie ziehen können Foto: P. Prohn

Man unterscheidet drei Sitzarten: den Dressursitz (auch Grundsitz genannt), den leichten (oder Entlastungs-) Sitz und den Rennsitz. Da der Rennsitz nur auf der Galopprennbahn und bei großen Vielseitigkeitsprüfungen zum Einsatz kommt, lassen wir diese Sitzart vorerst beiseite.

Der richtige Sitz ist die Grundlage für gutes Reiten in allen Disziplinen.

Im Dressursitz sitzt man tatsächlich, gleichmäßig ausbalanciert, auf beiden Gesäßknochen tief im Sattel und lässt die Beine lang und locker hängen. Nur die Fußspitzen werden unter dem Ballen vom Steigbügel abgefangen. Der Absatz ist der tiefste Punkt des Reiters. Die Füße stehen ungefähr parallel zum Pferd, so dass die flache Wade am Pferdekörper anliegt (und nicht etwa die Hacke).

Trägt man Sporen, kann man bei korrekter Schenkellage sicher sein, dass der Sporn nach unten abwärts ragt und nicht unbeabsichtigt in die Pferderippen gestochen wird. Wenn der Absatz tief und die Wade flach am

Pferd liegt, kann das Fußgelenk in der Bewegung mitfedern. Das ist sehr wichtig!

Der Oberkörper ist aufgerichtet, ohne verkrampft zu sein, und der Kopf wird ganz natürlich frei getragen. Der Blick geht zwischen den Pferdeohren hindurch nach vorn. Die Schultern werden ein wenig zurückgenommen und entspannt fallen gelassen. Die Arme hängen ganz natürlich herab. Nun schließt man locker die Faust (der Daumen liegt wie ein Dach darüber) und winkelt die Arme im Ellenbogen an, bis die Fäuste etwa eine Handbreit über dem Widerrist stehen. So sind Arm- und Handhaltung korrekt. Wenn der Reiter auf diese völlig natürliche und unverkrampfte Art im Sattel sitzt, könnte man vom Ohr über Schulter- und Hüftgelenk bis hinunter zum Fußgelenk eine Senkrechte ziehen. Ganz von selbst bilden Unterarm und Zügel ungefähr eine Linie und der Unterschenkel liegt korrekt dicht hinter dem Gurt. Von hinten gesehen ergeben Kopf und Rücken des Reiters zusammen mit der Mitte der Kruppe und dem Schweif des Pferdes eine Senkrechte, während Schultern, Hüften und Füße des Reiters waagerechte Parallelen ergeben.

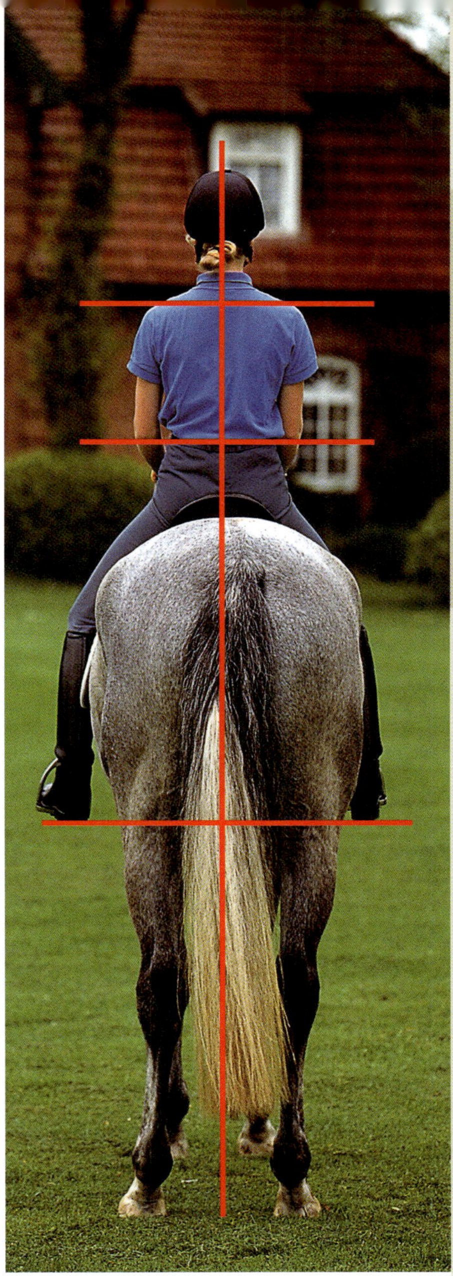

Kopf und Rücken des Reiters ergeben zusammen mit der Mitte der Kruppe und dem Schweif des Pferdes eine Senkrechte, während Schultern, Hüften und Füße des Reiters waagerechte Parallelen ergeben. Foto: P. Prohn

Nur aus dem ausbalancierten, losgelassenen Sitz heraus können richtige Hilfen gegeben werden! Die Losgelassenheit des Reiters darf nicht verloren gehen, weil man unbedingt die korrekte Form des Sitzes erhalten will.

Deshalb sollte man sich von Zeit zu Zeit selbst kontrollieren: sind meine Schultern, Ellenbogen, Handgelenke, Hüftgelenke, Knie- und Fußgelenke locker und nicht verkrampft? Unter einem verkrampften Reiter kann kein Pferd locker gehen!

Sitzfehler

Der **Spaltsitz**: Der Reiter sitzt nicht tief im Sattel und belastet beide Sitzknochen, sondern er belastet die Oberschenkel. Es entsteht ein Hohlkreuz und die Unterschenkel rutschen

Der Spaltsitz: die Reiterin sitzt nicht auf den Gesäßknochen, der Schenkel rutscht nach hinten

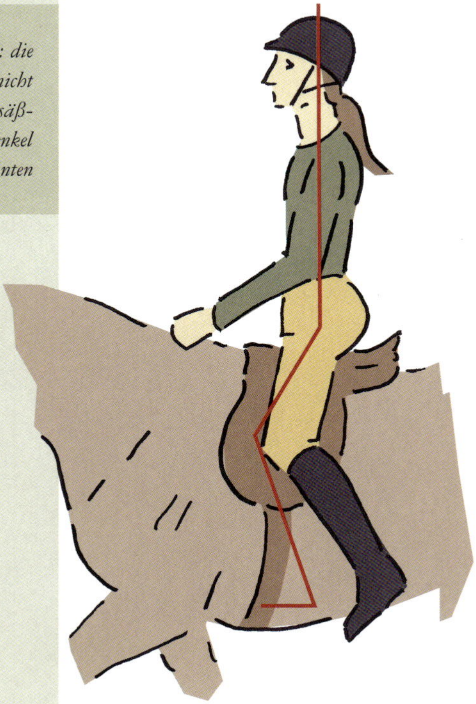

Der Stuhlsitz: die Reiterin sitzt zu weit hinten im Sattel, der Schenkel liegt zu weit vorn.

Der klemmende Sitz: Knie und Absätze sind hochgezogen, die Beine krampfhaft um den Pferdeleib geklemmt, die Reiterin sitzt nicht tief im Sattel.

zu weit nach hinten. Der Reiter kommt vor die Senkrechte. So ist keine Balance möglich. Häufig sind zu lang geschnallte Bügel der Grund oder der tiefste Punkt des Sattels liegt zu weit vorn.

Der **Stuhlsitz**: Der Reiter sitzt zu weit auf dem hinteren Teil des Sattels. Die Oberschenkel und Knie werden hochgezogen und die Gesäßmuskulatur angespannt. Der Reiter kommt hinter die Senkrechte. Das ergibt eine ungenügende Einwirkungsmöglichkeit, und die Balance geht verloren. Meistens sind zu kurze Bügel die Ursache, oder der tiefste Punkt liegt zu weit hinten im Sattel.

Hochgezogene Knie und Absätze: Der Reiter hat einen **klemmenden Sitz**,

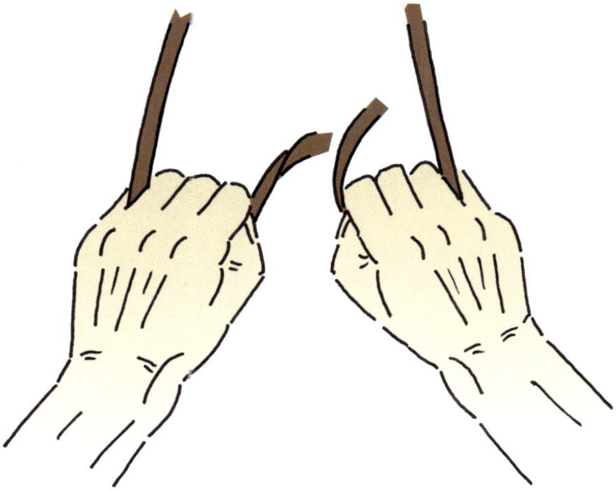

Verdeckte und verkrampfte Fäuste. So kann man keine feinen Zügelhilfen geben!

Der Reiter blickt nicht zwischen den Pferdeohren hindurch und bleibt mit Schulter und Hüfte hinter der Bewegung.

das heißt die Beine sind krampfartig um den Pferdeleib geklemmt. Da ist keine feine Schenkelhilfe möglich. Das Gefühl geht verloren.

Der Reiter schaut nicht in die Richtung, in die sein Pferd geht: Wenn der Reiter geradeaus schaut, während sein Pferd auf einer gebogenen Linie geht (Zirkel, Volte, und Ähnliches), bleibt er meistens auch in den Schultern geradeaus. Dann geht die Parallele von Pferdeschulter und Reiterschulter und meist auch der Hüfte verloren.
Die Balance leidet und das Pferd wird im Gleichgewicht gestört. Blickt man immer zwischen den Pferdeohren hindurch, geht man ganz von selbst mit der zu reitenden Linie mit.

Verdeckte Fäuste und feste Handgelenke: Verdeckte Fäuste sind ein sehr häufiger Fehler. Die Fäuste sind mit den Daumen zueinander gekippt. So ist keine feine Zügelhilfe mehr möglich! Man kann nur noch am Zügel ziehen - das arme Pferd! Das Gleiche gilt für feste und steife Handgelenke. Sie ergeben eine harte Hand.

Hilfen

Um sich dem Pferd verständlich zu machen, stehen dem Reiter so genannte Hilfen zur Verfügung. Das sind

1. Gewichtshilfen, die beidseitig belastend, einseitig belastend oder entlastend,

Entspanntes und angespanntes Kreuz

Linke Reiterin knickt in der Hüfte ein und belastet den falschen Gesäßknochen. Rechts ist es richtig.

2. Schenkelhilfen, die vorwärts treibend, vorwärts-seitswärts treibend oder verwahrend und

3. Zügelhilfen, die nachgebend, annehmend, durchhaltend, verwahrend und seitwärts weisend wirken.

Nur durch das fein abgestimmte Zusammenwirken der Hilfen, aus einem korrekten, losgelassenen und ausbalancierten Sitz heraus, ist eine Harmonie zwischen Reiter und Pferd in allen Gangarten und Lektionen möglich. Grundsätzlich sind die treibenden Hilfen (Gewichts- und Schenkelhilfen) wichtiger als die verhaltenden Hilfen (Zügelhilfen).

Gewichtshilfen

Bei der **beidseitig belastenden Gewichtshilfe** liegen beide Schenkel am

Beim Entlastungssitz wird der Oberkörper leicht nach vorn geneigt und das Gesäß nicht so stark belastet.

Gurt. Beide Gesäßknochen werden nach vorwärts-abwärts belastet. Der Oberkörper bleibt natürlich aufgerichtet und die Bauchmuskulatur wird angespannt. Man nennt das auch „das Kreuz anspannen". Das ist aber keine dauernde Hilfe, sondern ein kurzer Moment. Das Kreuzanspannen ist ein Impuls für die Hinterhand des Pferdes, aktiver zu werden. Zusammen mit einer etwas nachgebenden Zügelfaust trabt das Pferd an. Die **einseitig belastende Gewichtshilfe** wird angewendet, wenn das Pferd gestellt oder gebogen werden soll, beim Angaloppieren und als Voraussetzung für die richtungweisende Zügelhilfe. Wenn zum Beispiel das Pferd eine Wendung nach rechts gehen soll, wird der rechte Gesäßknochen nach vorwärts-abwärts vorgeschoben. Dabei darf die Hüfte auf keinen Fall einknicken. Die Leiste muss immer schön gestreckt bleiben. Auch diese Hilfe ist die Voraussetzung für Schenkel- und Zügelhilfe. **Entlastende Gewichtshilfe** wird angewandt, wenn Rücken und Hinterhand entlastet werden sollen. Dabei bleibt das Gesäß im Sattel, aber der Reiter bringt mehr Gewicht auf die Oberschenkel und Knie. Der Oberkörper wird ganz leicht nach vorn geneigt. Beim Anreiten junger Pferde, beim Lösen vor der Reitstunde, bei leichten Steigungen im Gelände und bei den ersten Versuchen zum Rückwärtsrichten ist diese Hilfe angebracht.

Schenkelhilfen

Die **vorwärts treibende Schenkelhilfe** treibt das Pferd in allen Gangarten gleichmäßig vor. Dabei liegen die Schenkel des Reiters dicht hinter dem Gurt und treiben durch leichten Druck auf beiden Seiten das Pferd vorwärts. Die **vorwärts-seitwärts treibende Schenkelhilfe** wird für die Seitengänge benötigt, zum Beispiel beim Schenkelweichen. Dabei liegt der Schenkel des Reiters eine Handbreit hinter dem Gurt. Knie und Absatz dürfen nicht hochgezogen werden. Die vorwärts-seitwärts treibende Schenkelhilfe unterstützt die einseitig belastende Gewichtshilfe. Der **verwahrende Schenkel** wird immer als Gegenüber der vorwärts oder vorwärts-seitwärts treibenden Schenkelhilfe eingesetzt. Er verhindert das Ausweichen (Ausfallen) der Hinterhand. Der verwahrende Schenkel liegt fast genau so wie der seitwärts treibende Schenkel, nämlich eine Handbreit hinter dem Gurt, ist aber nicht so aktiv.

Linkes Foto: So liegt der Schenkel bei der vorwärts treibenden ...

... und so bei der verwahrenden und seitswärts treibenden Schenkelhilfe. (Rechtes Foto)

Fotos: P. Prohn

Zügelhilfen

Die Zügelhilfe wird niemals allein gegeben. Nur bei einem durchlässigen Pferd wirkt die Zügelhilfe vom Maul über das Genick, den Hals und Rücken bis zur Hinterhand. Das Pferd lässt die Hilfe durch, es ist durchlässig! Bei der **annehmenden Zügelhilfe** wird für einen kurzen Moment die Faust fester geschlossen, oder die Fäuste werden ein wenig nach innen gedreht, so dass sich die Zügel etwas verkürzen (das geht bei verdeckten Fäusten nicht). Am Zügel zu ziehen ist verpönt!

Nach der annehmenden Zügelhilfe folgt immer eine nachgebende Zügelhilfe!

Zur nachgebenden Zügelhilfe kommen die Fäuste zurück zur Grundhaltung, die Finger werden gelockert und die Zügelfäuste gehen etwas vor. Das heißt nicht, dass die Verbindung zum Pferdemaul völlig aufgegeben, der Zügel weggeschmissen wird. Die Verbindung bleibt bei der nachgebenden Zügelhilfe erhalten! **Durchhaltende Zügelhilfe** wird eingesetzt, wenn das Pferd gegen die Hand oder über den Zügel geht.

Das Pferd geht über dem Zügel und gegen die Hand.

Falscher Knick! Das Genick ist nicht der höchste Punkt.

Die Faust steht in Grundhaltung fest geschlossen, das Kreuz ist angespannt und beide Schenkel treiben energisch vorwärts. Den Druck, der dann entsteht, hält man so lange aus, bis das Pferd nachgibt, das heißt sich am Gebiss abstößt und leicht in der Hand wird. Diesen Moment darf man nicht verpassen, sofort wird die Reiterhand weich und der Sitz lockerer! Dadurch macht man dem Pferd klar, was man von ihm will. Die **Stellung gebende Zügelhilfe** wird eingesetzt, wenn das Pferd auf einer gebogenen Linie gehen soll, zum Beispiel auf dem Zirkel. Die linke Zügelfaust wird dazu ein wenig eingedreht, so weit, dass der Reiter das linke Pferdeauge und den linken Nüsternrand schimmern sieht. Auf der rechten Hand ist es natürlich entsprechend. Die Stellung gebende Zügelhilfe geht immer zusammen mit der **verwahrenden Zügelhilfe**, die Stellung oder Biegung des Pferdes begrenzt. Der verwahrende Zügel ist das Gegenstück zum Stellung gebenden Zügel. Diese Hilfe wird immer mit einseitig treibender Schenkelhilfe und einseitig

Am langen Zügel bleibt die Verbindung zum Pferdemaul erhalten.
Foto: P. Prohn

Der hingegebene Zügel ermöglicht dem Pferd die größtmögliche Dehnung. Die Verbindung zum Pferdemaul ist aufgegeben.
Foto: P. Prohn

belastender Gewichtshilfe zusammen gegeben. **Seitwärtsweisende Zügelhilfen** weisen besonders den jungen Remonten die Richtung in die Wendung. Auch beim Erlernen der Seitengänge ist diese Zügelhilfe sinnvoll. Begleitet von der entsprechenden Gewichtshilfe führt man dazu die Hand etwas vom Pferdehals weg in die Richtung, in die das Pferd gehen soll. Wenn das Pferd die Hilfe angenommen hat, muss eine nachgebende Zügelhilfe

Zügelhilfen dürfen niemals allein gegeben werden! Nur mit den Zügeln kann man kein Nachgeben des Pferdes im Genick erzwingen. Ein Pferd, das in gleichmäßiger Anlehnung und stetiger Verbindung zur Reiterhand geht und dabei schäumend kaut, steht am Zügel!

folgen, weil die richtungweisende Hilfe ähnlich wie die annehmende Zügelhilfe auf das Pferd wirkt.

Am langen Zügel geht ein Pferd, wenn der Reiter noch eine Verbindung zum Pferdemaul hat, das Pferd aber in natürlicher Haltung die Nase senkt und den Hals länger lässt. Beim **hingegebenen Zügel** hat der Reiter nur noch die Schnalle der Zügel in der Hand. Es besteht keine Verbindung mehr zum Maul. Das Pferd geht mit tiefem Hals und vorwärts-abwärts gesenkter Nase.

Weitere Hilfen,
die so genannten Hilfsmittel

Die **Stimme** ist unbedingt nötig, um das Vertrauen des Pferdes zu erhöhen. Junge Pferde werden mit der Stimme beruhigt. Das hat aber nur dann Sinn, wenn man auch im Stall und bei der Pflege mit dem Pferd spricht. Kennt das junge Pferd die menschliche Stimme kaum oder gar nicht, nutzt es wenig, wenn man in einer brenzligen Situation „schö-ö-ö-ö-n ru-u-u-u-h-i-g" mit zittriger Stimme haucht. Die Stimme kann außerdem aufmuntern oder auch mal scharf verwarnen. Wenn das junge Pferd in seiner Ausbildung fortgeschritten ist, muss es fast ohne Stimme gehen. Aber loben sollte man ein ganzes Pferdeleben lang. Nur während einer Prüfung sollte niemand außer dem Pferd die Stimme des Reiters vernehmen! (Wie gut, dass Pferde so feine Ohren haben!)

Die **Reitgerte** braucht man, um die Aufmerksamkeit des Pferdes zu erhöhen. Beim Dressurreiten kann ein Touchieren die Hinterbeine zu mehr Tätigkeit veranlassen. Ein Klaps mit der Springklatsche heißt „Pass auf - geh nach vorn!". Eine Dressurgerte darf im Ganzen nicht länger als 1,20 Meter sein und eine Springgerte einschließlich Schlag 0,75 Meter nicht überragen.

Die **Sporen** muss man sich verdienen, das heißt nur wer in der Lage ist, mit ruhigem Schenkel vom Sitz unabhängige Hilfen zu geben, sollte Sporen tragen. Die Sporen verdeutlichen die Schenkelhilfen. Der Sporn sollte kurz und präzise eingesetzt werden und nicht etwa ständig im Pferdefell herumstochern. Das tut dem Pferd weh und stumpft ab. Form und Länge der erlaubten Sporen siehe unter „Ausrüstung des Reiters".

Die Grundgangarten des Pferdes

Es gibt drei Grundgangarten:
Schritt - man spricht von Schritten
Trab - man sagt Tritte
Galopp - man sagt Sprünge

Der **Schritt** ist ein **Viertakt** ohne Schwebephase. Das Pferd soll gelassen schreiten und dabei einen klaren Viertakt beibehalten. Zur eigenen Kontrolle kann man von Zeit zu Zeit mal genau hinhören und im Stillen mitzählen: 1-2-3-4-1-2-3-4. Die Hinterhufe fußen über die Spur der Vorderhufe. Fehlerhaft wird der Schritt, wenn das Pferd anfängt zu schleichen; man sagt dann, der Schritt ist „gebunden". Fehlerhaft ist der Schritt auch, wenn der Viertakt keinen gleichmässigen Rhythmus mehr hat oder sogar ganz verloren geht und zum Zweitakt wird. Dann geht das Pferd im Pass.

Hilfen zum Anreiten aus dem Halten: Beide Schenkel liegen am Gurt, beide Gesäßknochen werden nach vorwärts-abwärts belastet und der Reiter treibt mit leichtem Druck das Pferd in die Bewegung hinein. Eine leicht vorgehende Hand erleichtert dem Pferd das Vortreten. Die Verbindung zum Maul darf aber nicht verloren gehen! Weich folgt die Reiterhand der Nickbewegung des Pferdekopfes im Schritt.

Der **Trab** ist ein **Zweitakt** mit einer Schwebephase. Es schwingen jeweils ein diagonales Hinter- und Vorderbein nach vorn. Dazwischen liegt die Schwebephase. In der Grundausbildung bis Klasse L werden Arbeitstrab, Mitteltrab und versammelter Trab unterschieden. Ab Klasse M kommt der starke Trab hinzu. „Tritte verlängern“ ist eine Vorstufe zum Mitteltrab. Fehlerhaft wird der Trab, wenn der klare Zweitakt verloren geht, sich das Pferd im Rücken festhält und dadurch anfängt zu strampeln, oder wenn die Hinterbeine breit treten beziehungsweise seitwärts ausfallen. Der Schub aus der Hinterhand darf nicht fehlen, besonders in den Verstärkungen nicht.

Fußfolge im Schritt: man zählt 1 - 2 - 3 - 4

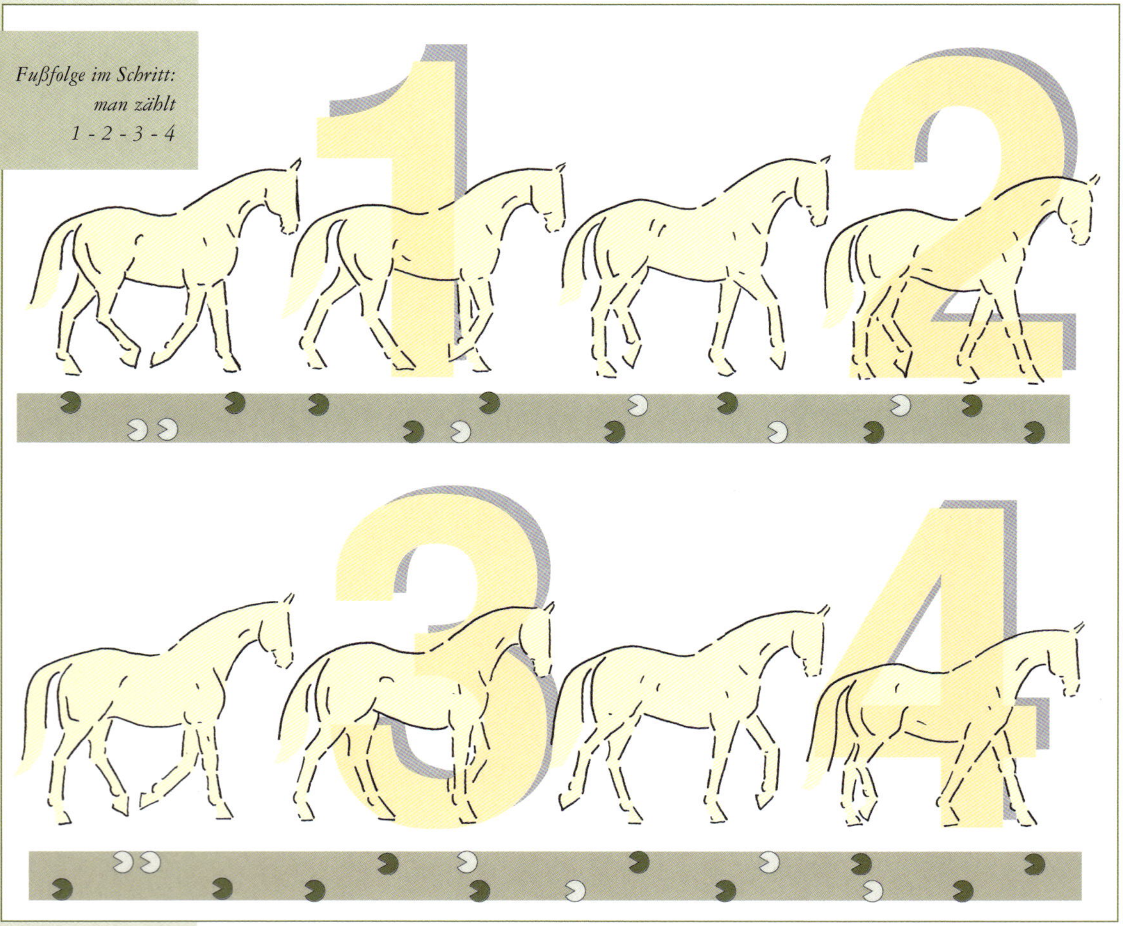

Die Hilfen zum Antraben sind genau so wie beim Anreiten aus dem Halten in den Schritt, nur stärker. Der Reiter muss in der Mittelpositur gut mitschwingen, um Takt und Schwung des Pferdes zu erhalten und nicht zu stören (nicht in den Sattel plumpsen). Im Leichttraben kommt es bei Dressurprüfungen darauf an, auf dem „richtigen Fuß" zu traben. Man lässt sich bei aufgerichtetem Oberkörper aus dem Knie heraus hochschwingen, wenn die äußere Pferdeschulter vorschwingt, das heißt man lässt sich nieder, wenn der innere Hinterfuß auffußt. In der Reitbahn wird grundsätzlich auf dem inneren Fuß leicht getrabt.

Der **Galopp** ist ein **Dreitakt** mit einer Schwebephase. Man unterscheidet zwischen Rechts- und Linksgalopp, je nachdem, ob das rechte oder linke Vorderbein (und damit auch das gleichseitige Hinterbein) vorschwingt. Befindet man sich auf der linken Hand, reitet man normalerweise im Linksgalopp (das heißt dann Handgalopp). Auch im Galopp unterscheidet man verschiedene Tempi: Arbeitsgalopp und Mittelgalopp bis Klasse A, hinzu kommen versammelter Galopp und starker Galopp in den Klassen L und M.

Um das Pferd aus dem Arbeitstrab in einen Linksgalopp zu bringen, legt man den linken Schenkel treibend an den Gurt und den rechten verwahrend eine Handbreit hinter den Gurt. Der rechte Zügel wird tief festgestellt (verwahrend), während die innere linke Zügelfaust ein wenig vorgeht. Der linke Gesäßknochen wird nach vorwärts-abwärts belastet (einseitig belastende Gewichtshilfe). Diese Hilfen müssen alle gleichzeitig zusammenwirken, als ob man mit dem linken Bein einen großen Schritt nach vorn macht. Die rechte Schulter darf dabei nicht zurück bleiben. Diese Stellung muss während der ganzen Galopptour beibehalten werden. Jeder Galoppsprung muss so geritten werden, als wäre er der erste. Fehlerhaft wird der Galopp, wenn die Schwebephase verloren geht und der Galoppsprung nicht mehr rund gesprungen wird. Dann kommt es zum Vierschlag. Der Kreuzgalopp ist grob

Fußfolge im Trab: man zählt 1 - 2, 1 - 2; dazwischen liegen die Schwebephasen.

Fußfolge im Galopp: man zählt 1 - 2 - 3, Schwebephase, 1 - 2 - 3

fehlerhaft, weil die richtige Fußfolge verloren geht: dann springt das Pferd zum Beispiel vorn im Linksgalopp und hinten im Rechtsgalopp. Es ist vorn oder hinten umgesprungen.

Beispiel für eine Dressurreiterprüfung Klasse E für das kleine Reitabzeichen (DRA IV)

Es ist sehr wichtig für die Prüfung, dass dem Prüfling ein Pferd zur Verfügung steht, das ganz sicher den Anforderungen der Klassen E bis A entspricht. Es muss sicher am Zügel stehen und mit schwingendem Rücken gehen, damit der Reiter ruhig sitzen kann. Das ist ausdrücklich in den FN-Bestimmungen niedergelegt. Auf den guten Sitz wird größter Wert gelegt. Es ist eine Leistungsprüfung und die Richter können nur das beurteilen, was sie sehen. Die Richter dürfen einen Pferdewechsel anordnen, falls sie sich im Unklaren sind, ob die Gründe für Unstimmigkeiten beim Reiter oder beim Pferd liegen.

So könnte etwa eine Dressurreiterprüfung ablaufen: Es reiten zwei bis vier

Reiter zusammen in einer Reitbahn 20 mal 40 Meter. Der Reitlehrer gibt die Kommandos. Keine Angst und keine Aufregung bitte, es wird nicht anders sein als im Unterricht oder wie es geübt wurde! Das Abteilungsreiten ist schwieriger als einzeln zu reiten. Der Reiter muss nicht nur sein eigenes Pferd beherrschen und sich ständig selber kontrollieren und korrigieren, sondern er muss außerdem während der gesamten Dauer der Aufgabe und in allen Gangarten den vorgeschriebenen Abstand zum Vordermann einhalten. Der Anfangsreiter muss sich von Zeit zu Zeit umsehen (am geschicktesten, wenn er gerade durch eine Ecke geritten ist), ob die nachfolgenden Reiter bei seinem Tempo im korrekten Abstand folgen können.

Das erste Kommando lautet **„Auf der rechten Hand im Mittelschritt Abteilung bilden!“** Dann wird das Anfangspferd benannt. Der Reiter begibt sich sofort auf die rechte Hand, hebt den Arm und ruft **„Anfang hier!“**. Heißt das Kommando **„Der Nummer nach rangieren!“**, so ist das Pferd mit der niedrigsten Kopfnummer an der Spitze der Abteilung. In der Regel geht das größte und gangstärkste Pferd an der Tête (Spitze). Danach werden die folgenden Pferde benannt oder aber man richtet sich nach den folgenden Kopfnummern (in aufsteigender Reihenfolge). Jeder Reiter sucht auf dem kürzesten Weg seinen Platz. Der Abstand zum Vordermann beträgt üblicherweise zwei Pferdelängen, das heißt man sieht, wenn man zwischen den Ohren seines Pferdes hindurchsieht, das ganze Pferd des Vordermannes und etwas Reitplatzboden. Wenn es heißt **„Abstände gut so!“**, prägt man sich ein, was man vom Vordermann sieht. Diesen Abstand sollte man während der ganzen Prüfung beibehalten. Hat man nun ein kleines Pferdchen, welches nur kurze Schritte macht, muss man die Reitplatzecken abkürzen, nötigenfalls sogar die Bahn an den kurzen Seiten etwas abkürzen, um den Abstand immer wieder herzustellen. Hat man ein sehr großes Pferd, reitet man tief in die Ecken hinein, um den Weg zu verlängern.

(A) Von der kurzen Seite auf die Richter zu **„Anfang rechts dreht, links marschiert auf - Marsch!“**. Auf „Marsch“ wendet der Anfangsreiter sofort von der kurzen Seite ab und reitet parallel zur Mittellinie ganz gerade auf die gegenüberliegende kurze Seite zu. (Das Kommando muss so erteilt werden, dass, wenn der Têtenreiter bei „Marsch“ sofort abwendet, die ganze Abteilung gut auf der E-B-Linie Platz findet. Hat der Anfangsreiter die E-B-Linie erreicht, heißt es **„Anfang - Halt. Grüßen!“**. Die nachfolgenden Reiter, die jeweils sechs Schritt (zwei Pferdelängen) später von der kurzen Seite abgewendet haben und ebenfalls schnurgeradeaus parallel zur Mittellinie auf die Richter zugeritten sind, halten nacheinander neben dem Anfangsreiter. Ein schneller Blick zum Anfang (und gegebenenfalls Korrektur) sorgt dafür, dass alle Reiter mit Knie und Schulter auf einer Höhe sind. Die Pferde sollen geschlossen, das heißt auf allen vier Beinen gleichmäßig belastend ruhig an den Hilfen stehen. Gegrüßt wird bei dem Wort **„Grüßen!“**, indem alle Reiter zur gleichen Zeit den Kopf neigen.

(M-F) **„Abteilung zu einem rechts brecht ab im Arbeitstempo - Trab"** Auf „Trab" gibt der erste Reiter energisch treibende Hilfen, so dass das Pferd vom Fleck weg antrabt. Der nächste und alle folgenden Reiter traben an, wenn der Schweif des Vorderpferdes in der Höhe des Kopfes des eigenes Pferdes ist. Alle Reiter traben ganz geradeaus bis zum Hufschlag der kurzen Seite und wenden dort auf die rechte Hand ab. Wenn die Abteilung mit gleichmäßigen Abständen aufmarschiert war und alle Reiter präzise angetrabt sind, stimmen jetzt die Abstände. Nun kommt es darauf an, dass die Pferde gleichmäßig, taktmäßig und losgelassen traben. Jeder Reiter konzentriert sich auf seinen einfühlsamen Sitz und feinfühlige, korrekte Hilfengebung. Im Gegensatz zum Abteilungswettkampf, in dem die Abteilung als Ganzes gewertet wird, bewerten die Richter in der Dressurreiterprüfung jeden Reiter einzeln. Aber die Abteilung darf nie außer Acht gelassen werden. Das Einhalten der Abstände ist wichtig. Nach einer langen und einer kurzen Seite in frischem Arbeitstrab heißt es:

(K-X-M) **„Durch die ganze Bahn wechseln, dabei leichttraben."** Genau am Wechselpunkt (in diesem Fall K) wendet der Anfangsreiter auf die Diagonale ab und beginnt leicht zu traben. Es ist dringend darauf zu achten, dass man auf dem richtigen Fuß trabt! In unserem Beispiel ist das der rechte Hinterfuß: also hinsetzen, wenn die äußere, linke Schulter zurückschwingt. Sollte man sich hierbei geirrt haben: schnell korrigieren, dann ist es nicht so schlimm! Jeder Reiter trabt die ganze Diagonale von K über X bis M leicht, auch wenn der Vordermann bereits aussitzt. Punktgenau bei M wird ausgesessen: wenn das Knie eines jeden Reiters in Höhe von M ist, sitzt man weich ein und kommt zum Aussitzen.

(M-H) **„An der kurzen Seite Abteilung - Mittelschritt!"** Möglichst zum gleichen Zeitpunkt parieren alle Reiter zum Schritt. Der Oberkörper richtet sich auf (belastende Gewichtshilfe), der Reiter setzt beide Schenkel treibend ein, dreht die Fäuste ein wenig ein (annehmende Zügelhilfe) und gibt, sobald das Pferd im Schritt geht, wieder nach und bringt die Hände in Grundstellung (das Ganze ist eine „halbe Parade zum Schritt"). Jetzt kommt es darauf an, dass alle Pferde ruhig und raumgreifend schreiten: kein Anzackeln, kein Schiefgehen, Abstände einhalten!

(K) **„Vor der nächsten kurzen Seite Abteilung im Arbeitstempo - Trab!"** Bei „Trab" traben alle gleichmäßig an.

(F-M) **„Anfang einfache Schlangenlinie an der langen Seite!"** Der Anfangsreiter wendet genau am Wechselpunkt (in unserem Falle F) zur einfachen Schlangenlinie ab und alle anderen folgen. Der Höhepunkt des Bogens muss bei B liegen und soll fünf Meter (ein Viertel der Bahnbreite) betragen. Am Punkt M ist die Schlangenlinie beendet. Jeder Einzelne reitet diese Linie ganz genau aus (auch die Reiter mit kleinen Pferden).

(C-X) **„Mitte der kurzen Seite auf dem Zirkel geritten!"** Nach dem Punkt C wird die Ecke abgerundet und der Zirkelpunkt nach H angesteuert. Der Zirkel hat keine Ecken und ist kreisrund; und so muss er auch geritten werden!

(X-C-X-C) **„Zur geschlossenen Zirkelseite Abteilung im Arbeitstempo - Galopp - Marsch (1 1/2 Mal herum!“** Auf „Marsch“ geben alle Reiter die Galopphilfen und galoppieren möglichst zur gleichen Zeit an. Da muss man nun ein wenig aufpassen! Es gibt Pferde, die dieses Kommando vom Training her in allerbester Erinnerung haben und gleich fröhlich loshopsen oder andere Pferde, die noch ein paar lange, unkontrollierte Trabtritte machen, bis auch sie sich in den Galopp bequemen. Da hilft dem Reiter nur, Nerven zu bewahren und mit verwahrenden und richtig angewandten Galopphilfen ganz schnell dem Spuk ein Ende zu bereiten. Es ist gar nicht schlimm, wenn in der Abzeichenprüfung so etwas passieren sollte: denn dann können die Richter beurteilen, wie ein Reiter mit plötzlich auftretenden Schwierigkeiten fertig wird! Da anfangs auf dem Zirkel galoppiert wird, lassen sich die Abstände gut ausgleichen: die Pferde mit einem kurzen Galoppsprung verkleinern den Zirkel etwas, während die Galoppiergewaltigen den Zirkel an der offenen Seite etwas vergrößern. In jedem Fall wird der Zirkel aber rund geritten!

(C) **„Mitte der kurzen Seite ganze Bahn!“** Der Anfangsreiter (und natürlich alle folgenden Reiter auch) muss jetzt an die folgende Ecke denken, die auszureiten ist. Alle Pferde galoppieren taktrein, schwungvoll und gerade mit geordneten Abständen.

(K-F) **„An der kurzen Seite Abteilung im Arbeitstempo - Trab!“** Genau so wie vom Trab in den Schritt werden jetzt die Pferde mit einer halben Parade vom Galopp zum Trab durchpariert.

(F-X-H) **„Durch die ganze Bahn wechseln!“** Dieses Mal ist nichts von Leichttraben gesagt worden, also aussitzen (Leichttraben wird immer extra angesagt). Schwungvoll und gleichmäßig genau von F über X nach H wechseln.

(C-X) **„Mitte der kurzen Seite auf dem Zirkel geritten!“** Bei C beginnend genau so wie vorhin. Ecken abrunden!

(X-C-X-C) **„Zur geschlossenen Zirkelseite Abteilung im Arbeitstempo - Galopp - Marsch!“** Das zweite Angaloppieren klappt meist besser als das erste. Sonst genau so wie auf der linken Hand.
Mitte der kurzen Seite (wenn der Anfangsreiter bei C ist):

(C) **„Ganze Bahn!“** Die Ecke nicht vergessen!

(F-K) **„An der kurzen Seite im Arbeitstempo - Trab!“** Ruhe hineinbringen, genau so wie zuvor.

(K-H) **„Nächste lange Seite Abteilung - Halt!“** Die Abteilung sollte so zum Halten kommen, dass bei vier Reitern der Punkt E zwischen dem zweiten und dritten Reiter ist. Jeder Reiter kann also beurteilen, wo er mit seinem Pferd zum Halten kommen muss. Rechtzeitig wird das Pferd mit mehreren halben Paraden aufmerksam gemacht, bis die ganze Parade (sie führt immer zum Halten) eingesetzt wird. Das Nachgeben der Zügelfäuste nicht vergessen, das Pferd braucht seinen Hals als Balancierstange! Alle Pferde sollen jetzt ruhig und geschlossen an den Hilfen stehen. Im Idealfall (notwendig für Abteilungswettkämpfe) stimmen auch jetzt noch die Abstände.

„Abteilung im Arbeitstempo - Trab!“ Alle zusammen vom Fleck weg antraben. Von der kurzen Seite auf die Richter zu.

(A) **„Anfang rechts dreht, links marschiert auf - Marsch!“** Dieses Kommando wird genau so geritten wie die Anfangsaufstellung.

Wenn der Anfangsreiter die E-B-Linie erreicht hat

„Anfang - Halt - Grüßen!“ Wenn alle Reiter stehen, gemeinsam grüßen.

„Im Mittelschritt am langen Zügel die Bahn verlassen!“ Die Aufgabe ist keinesfalls mit dem Gruß zu Ende. Die Richter wollen sehen, dass das Pferd sich an das Gebiss herandehnt und zufrieden und gelassen am langen Zügel (nicht am hingegebenen Zügel!) schreitend die Bahn verlässt.

Was wird in einer Dressurreiterprüfung Klasse E beurteilt?

Besonderen Wert legen die Richter auf den korrekten, unverkrampften Sitz. Der Reiter sollte ständig eine feine Verbindung zum Pferdemaul haben und in der Lage sein, sein Pferd über die gesamte Dauer der Prüfung an den Hilfen zu halten. Das Tempo sollte in allen Grundgangarten geregelt und gleichmäßig sein, wobei ein frisches Tempo einem zurückgenommenen vorzuziehen ist. Wichtig ist das ganz genaue Einhalten der Hufschlagfiguren! Hinzu kommt der Gesamteindruck, das heißt:

Wie ist das Pferd herausgebracht?
Ist der Anzug des Reiters korrekt?
Sind Sattel und Zaumzeug sauber und korrekt angelegt?

Die Richter vergeben dann eine Wertnote zwischen 10 und 0.

Was besagen die Wertnoten?

10	= ausgezeichnet (wird fast nie vergeben)
9	= sehr gut (sehr, sehr selten)
8	= gut (man kann stolz auf diese Wertnote sein)
7	= ziemlich gut
6	= befriedigend
5	= genügend (kein Grund, den Kopf hängen zu lassen)
4	= mangelhaft (üben, üben, üben!)
3	= ziemlich schlecht (noch mehr üben!)
2	= schlecht (sehr selten)
1	= sehr schlecht (noch seltener)
0	= nicht ausgeführt

Mit der Note 5,0 oder besser ist diese Prüfung bestanden.

Der leichte Sitz

6

Es gibt viele Gebiete der Reiterei, auf denen im leichten Sitz geritten wird. Daher hat der leichte Sitz auch noch andere Bezeichnungen, die auch von dem Grad der Entlastung abhängen: „Remontesitz", „Entlastungssitz", „Geländesitz" und „Springsitz". Im leichten Sitz entlastet der Reiter den Pferderücken und passt sich geschmeidig den Bewegungen des Pferdes an, die in der Regel stärker sind als bei dressurmäßigem Reiten. Der leichte Sitz wird im Vielseitigkeits- oder Springsattel geritten. Durch deren Form (vorge-

Im korrekten leichten Sitz kann sich der Reiter gut den Bewegungen des Pferdes anpassen und den sich verändernden Schwerpunkt im Galopp und über dem Sprung ausbalancieren. Foto: P. Prohn

Größte Entlastung am Sprung. Der Schwerpunkt von Reiter und Pferd stimmen überein. Foto: P. Prohn

schobene kürzere Sattelblätter mit stärkeren Pauschen; längere, flachere Sitzfläche) kann man erst korrekt im leichten Sitz reiten. Die Bügel werden im Vergleich zum Dressursitz deutlich kürzer geschnallt: beim Reiten junger Pferde und beim Ausreiten zwei Löcher kürzer und beim Spring- und Geländereiten vier bis fünf Löcher kürzer. Je nach der Größe des Reiters und der Länge seiner Beine variiert die Bügellochzahl etwas.

Der Reiter kann sich im leichten Sitz besonders gut den Bewegungen des Pferdes anpassen. Wenn der Schwerpunkt des Pferdes sich verändert, beim Springen oder beim Bergauf- und Bergabreiten, und wenn das Tempo im Galopp erhöht wird, kann der Reiter leicht mit dem Oberkörper ausbalancieren und mal mehr oder mal weniger entlasten. Diese Übergänge sind fließend. Knie, Unterschenkel, Fußgelenk und Bügeltritt, also das Fundament, bleiben stets unverändert an ihrem Platz!

Wie sieht der korrekte leichte Sitz aus?

Der Oberkörper wird je nach Entlastung mehr oder weniger aus der Hüfte heraus nach vorne geneigt. Das Gesäß bleibt mehr am Sattel (geringere

Entlastung), bei höherem Tempo und beim Springen (größere Entlastung) kommt das Gesäß vermehrt aus dem Sattel. Aber immer bleibt der Reiter in der Mittelpositur elastisch und die Wirbelsäule bleibt in natürlicher Haltung.

Wie beim Dressursitz sind auch im leichten Sitz ein steifer, unruhiger Oberkörper mit verkrampften Schultern, ein krummer Buckel oder ein Hohlkreuz fehlerhaft und störend für das Pferd.

Die Knie liegen fest am Sattel (Knieschluss) und sind durch die kürzeren Bügel stärker gewinkelt. Die Knie sind der Angelpunkt des Reiters im leichten Sitz. Geht der Knieschluss verloren, wird es für den Reiter gefährlich! Die Unterschenkel liegen mit der flachen Wade (anders ist ein Knieschluss unmöglich) am Gurt und damit am Pferd. Die Unterschenkel (und nicht die Sporen) übernehmen im leichten Sitz vermehrt die treibende Hilfe, da das Kreuz entlastet. Rutscht der Unterschenkel zurück oder fängt er an, vor und zurück zu pendeln, verliert der Reiter die Balance. Der Fuß wird etwas weiter (bis zur breitesten Stelle des Ballens) durch den Bügel gesteckt, das Fußgelenk federt nach unten, so dass auch im leichten Sitz der Absatz der tiefste Punkt des Reiters ist. Im leichten Sitz bilden Schulter, Knie und

Im leichten Sitz bilden Schulter, Knie und Bügeltritt eine senkrechte Linie.

Vor, über und hinter dem Sprung bleibt die Schenkellage unverändert, während die Winkelung der Hüfte sich der Bewegung anpasst. Über dem Sprung ist die Entlastung am größten. Die Verbindung zum Maul bleibt erhalten.

Bügeltritt eine senkrechte Linie. Der Kopf ist vor der Senkrechten, während die zurückgenommene Hüfte bei größter Entlastung in hohem Tempo wie eine Art Schwungrad wirkt und zusammen mit den Unterschenkeln die Triebkraft entwickelt. Wird der Absatz hochgezogen und der Unterschenkel gerät zu weit nach hinten, fällt der Reiter nach vorn über - er kommt vor die Bewegung. Der Kopf wird ganz natürlich frei und aufrecht getragen und der Blick geht, genau wie beim Dressursitz, nach vorn zwischen den Pferdeohren hindurch. Im Parcours soll man jedoch das Hindernis ansehen, welches überwunden werden soll: dann schaut man in die Richtung, in die man reiten will, und nimmt leicht die Schulter (immer parallel zur Pferdeschulter) und das Gewicht mit. Aus den unverkrampften Schultergelenken werden die Arme etwas vor den Körper genommen, so dass der Zügel kürzer gefasst wird und Unterarm und Zügellinie eine Gerade bilden. Die Zügelfäuste werden zu beiden Seiten des Halses mehr oder weniger vor dem Widerrist getragen. Schenkel- und Zügelhilfen werden auch im leichten Sitz unabhängig von der Bewegung des Oberkörpers des Reiters gegeben.

Beim **Springreiten** muss der Reiter besonders gut im Gleichgewicht sitzen. Er muss in den verschiedenen Phasen der Entlastung des Pferderückens vor, über und hinter dem Hindernis mit der Bewegung mitgehen können. Beim Anreiten wird das Hindernis aus einem gleichmäßigen Grundtempo heraus angesteuert. In der Absprungphase geht der Reiter geschmeidig mit der Bewegung des Pferdes mit. Die Hand geht in Richtung des Pferdemaules vor. In der Schwebephase ist der Rücken des Pferdes entlastet. Das Gesäß ist über dem Sattel, der Oberkörper wird stärker vorgeneigt. Die Hände sind so weit vorgegangen, dass das Pferd die größtmögliche Freiheit hat, den Hals als Steuerstange zu benutzen. Die Verbindung zum Pferdemaul darf aber nicht aufgegeben werden! Knie, Unter-

Die Reiterin ist vor der Bewegung.

schenkel und Fußgelenk bleiben unverändert am Platz. In der Landephase wird der Oberkörper zurückgenommen. Auch hier behalten die Unterschenkel unverändert ihre Lage bei. Die Hände bleiben ruhig rechts und links des Pferdehalses. Erst beim Weiterreiten kommt es zu aufnehmenden Hilfen.

Fehlerhaft wird der Sitz, wenn die Bügel zu lang sind, so dass der Unterschenkel zu weit nach hinten rutscht, der Absatz hochgezogen wird, der Oberkörper zu weit nach vorn kippt und dadurch das Gesäß zu hoch aus dem Sattel kommt. Meist geht dann auch noch die Verbindung zum Pferdemaul verloren. Dann ist der Reiter vor der Bewegung! Hinter der Bewegung ist der Reiter, wenn der Oberkörper zu weit zurück bleibt, der Unterschenkel vorgestreckt wird und die Hand rückwärts einwirkt. In beiden Fällen ist ein rhythmisches Anreiten des Sprunges kaum möglich. Abgespreizte Ellenbogen, seitliches Vorneigen des Oberkörpers am Pferdehals vorbei, nicht entlastender, zu tiefer Sitz, unruhige Unterschenkel und Hände sind nicht nur unschön anzuschauen, sie stören das Pferd erheblich, so dass es seine Balance verliert, ohne Rücken springt und - nicht verwunderlich - zum Verweigern neigt.

Die **Hilfengebung im leichten Sitz** ist im Prinzip dieselbe wie im Dressursitz. Die Gewichtshilfen werden mehr über das Knie und den Bügeltritt gegeben, da das Gesäß den Rücken entlastet. Bei den Zügelhilfen ist darauf zu achten, dass der äußere Zügel vorherrscht. Das ist vor allem in den Wendungen im Galopp der Fall. Beim Reiten junger

Die Reiterin ist hinter der Bewegung.

Pferde muss man häufig die seitwärts führende Zügelhilfe in Verbindung mit dem stärker ausgetretenen inneren Bügel einsetzen. Junge Pferde werden im leichten Sitz zu Anfang mehr „gefahren" als geritten.

Beispiel für eine Springreiterprüfung Klasse E für das Kleine Reitabzeichen (DRA IV)

Auch für diese Teilprüfung ist es von entscheidender Bedeutung, dass man ein Pferd zur Verfügung hat, das den Anforderungen der Klasse E bis A voll gerecht wird! Es sollte gehorsam und zuverlässig sein. Das wird ausdrücklich in den FN-Bestimmungen gefordert.

Auch die Springprüfung ist eine Leistungsprüfung, in der die Richter nur das bewerten können, was sie sehen. Die Springprüfung kann in der Reithalle oder auf einem offenen Platz abgenommen werden. Letzterer sollte jedoch eine Umzäunung haben.

Was wird verlangt?

Es wird in der Regel ein kleiner Parcours mit sechs bis acht Hindernissen verlangt, die rund 80 bis 90 Zentimeter hoch sind. Es ist ein Parcours, der aus Einzelhindernissen, einer Hindernisfolge mit passender Distanz (also mit einer vorgeschriebenen Anzahl von Galoppsprüngen), Wendungen und Handwechseln (Rechts- und Linksgalopp) und Übergängen vom Trab zum Galopp und umgekehrt besteht.

Hier stimmt nichts: die Reiterin ist vor der Bewegung, neigt sich seitlich am Pferdehals vorbei, hält das Pferd zu fest am Zügel und spreizt die Ellenbogen ab. Die Bügelriemen sind zu lang und der Schenkel fliegt nach hinten. So bitte nicht!

Wie verhält sich der Reiter im Parcours?

Auf dem Abreiteplatz wird das Pferd sorgsam abgeritten, aber nicht müde gemacht. Dabei werden drei bis vier Probesprünge absolviert, nicht mehr! Dann reitet der Reiter in den Parcours, hält vor den Richtern und grüßt. Wenn ein Klingelzeichen den Start freigibt, reitet er über Schritt zum Trab (in unserem Beispiel) an. Die meisten Parcours beginnen mit Galopp, dann wird so rechtzeitig in den Galopp übergegangen, dass die Startlinie im Galopp passiert wird. Natürlich wählt man den Handgalopp, auf dessen Linie das erste Hindernis steht.

In unserem Beispiel beginnt der Parcours im Trab: leicht traben. Das erste Hindernis ist ein kleines Kreuz (80 Zentimeter hoch) mit einer Vorlegestange, die circa 2,50 Meter vor dem Hindernis liegt. Im leichten Sitz wird beides gerade und in der Mitte angeritten (Hindernis anschauen, nicht darüber hinwegsehen!) und überwunden. Gleich weiter wieder geradeaus leicht traben und anschließend in einer großen Rechtswendung zu Hindernis Nr. 2. Das ist ebenfalls ein Kreuz mit Vorlegestange. Danach geht es im Galopp (Entlastungssitz!) weiter. Wieder wird ein Stück geradeaus geritten, dann in einer großen Linkswendung die lange Seite entlang zu Sprung 3. Sollte das Pferd nach dem zweiten Sprung im Rechtsgalopp gelandet sein, wird es ruhig und korrekt kurz in den Trab

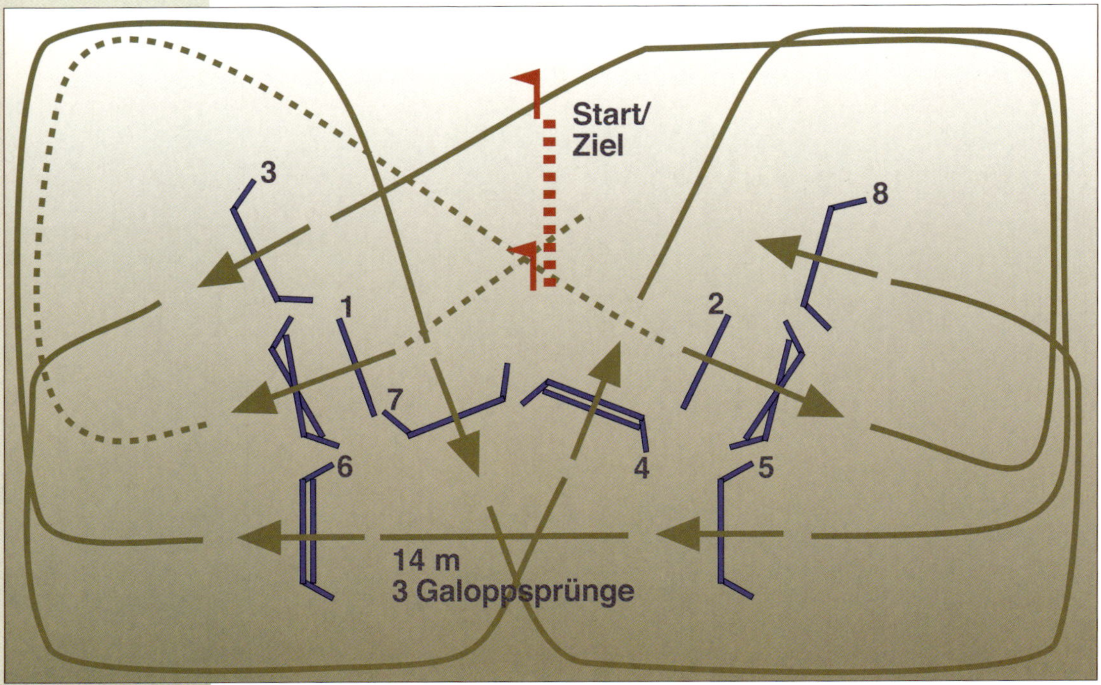

So könnte ein kleiner Parcours für eine Springreiterprüfung Klasse E aussehen. Auf der gestrichelten Linie wird Trab geritten.

zurückgeführt und links erneut angaloppiert. Diese Parade muss richtig ausgeführt werden (ohne Ziehen und Zerren!) und das Pferd muss die Parade durchlässig annehmen. Mitte der langen Seite wendet man von dem Hufschlag ab und reitet Sprung 3 schön in der Mitte an. Im weiten Bogen geht es im Linksgalopp weiter bis zur Mitte der nächsten langen Seite. Dort abwenden und senkrecht auf Sprung 4, einen kleinen Oxer, zu. Danach möglichst im Rechtsgalopp landen (anderenfalls wieder über Trab wechseln) und in einer großen Rechtswendung auf die Sprünge 5 und 6 (einen Steilsprung und einen kleinen Oxer) zureiten. Sie stehen in einer Linie in 14 Metern Abstand. Das entspricht drei Galoppsprüngen, die vorgeschrieben sind! Hier kommt es darauf an, die Galoppsprünge bei Pferden mit großer Galoppade zu verkürzen oder bei solchen mit kürzerem Galoppsprung länger zu machen. Ganz wichtig ist dabei, dass man passend an den ersten Sprung der Distanz herankommt. Gerät der erste Sprung zu kurz oder zu lang, ist es kaum mehr möglich, passend zum zweiten Sprung zu kommen: ein Hindernisfehler ist unvermeidlich! Vor und in einer Distanz muss der Reiter sein Pferd so regulieren, dass das Pferd den richtigen Absprung finden kann. Das gilt für jedes Hindernis, aber ganz besonders vor und innerhalb einer Distanz oder einer Kombination (eine Kombination hat nur zwei oder einen Galoppsprung zwischen den Hindernissen oder auch gar keinen. Dann ist es eine „In and Out"-Kombination). Nach Sprung 6 weiter im Rechtsgalopp gleichmäßig und rhythmisch (nach einer Kombination nicht ganz einfach) im Bogen um Sprung 3 herum zu Sprung 7 (wieder ein Steilsprung). Danach im Linksgalopp weiter (nötigenfalls über Trab wechseln) geradeaus zum Hufschlag, tief in die Ecke hinein und im Bogen auf Sprung 8 zureiten und rhythmisch durch die Ziellinie galoppieren. Es muss zwischen den Flaggen hindurch geritten werden sonst gilt die Ziellinie als nicht passiert, was zum Ausschluss führt!

Was wird bewertet?

Auf den korrekten, geschmeidigen Entlastungssitz wird der größte Wert gelegt.

Die Einwirkung des Reiters ist ebenso wichtig. Während des ganzen Parcours sollte ein gleichmäßiges Grundtempo geritten worden sein. Das Pferd sollte bei rhythmischem Galoppieren stets die richtige Absprung-Distanz gefunden haben und in der Distanz die vorgeschriebene Anzahl von Sprüngen eingehalten haben. Das Verlängern oder Verkürzen der Galoppsprünge und die Übergänge zum Trab sollten weich und durchlässig sein. In den Wendungen muss das Pferd deutlich am äußeren Zügel und verwahrenden äußeren Schenkel stehen. Es macht einen sehr guten Eindruck, wenn man in einer Wendung im Handgalopp einmal weich mit dem inneren Zügel überstreicht! Die Hindernisse müssen alle senkrecht angeritten worden sein und nach dem Sprung sollte es flüssig und harmonisch weitergehen.

Sitz und Einwirkung zusammen ergeben den Stil eines Reiters, der im Stilspringen bewertet wird. Mit der Wertnote 5,0 oder besser ist die Teilprüfung bestanden. Springfehler, ein Ungehorsam (Verweigerung) oder auch ein Sturz haben in dieser Prüfung keine generellen Abzüge zur Folge. Bei dreimaligem Ungehorsam oder einem zweiten Sturz ist die Prüfung jedoch nicht bestanden. Ungehorsam des Pferdes oder Sturz des Reiters im Parcours müssen die Bewertung natürlich beeinträchtigen, weil der Reiter hierdurch zeigt, dass er sein Pferd noch nicht richtig beherrscht. Zum Ungehorsam werden Stehenbleiben, Widersetzlichkeit, Ausbrechen, Reiten einer nicht vorgeschriebenen Volte sowie korrigiertes Verreiten gezählt. Hat ein Pferd verweigert, so darf der Reiter seinem Pferd das Hindernis „zeigen". Er reitet dazu an das Hindernis heran, gibt die Zügel frei (bleibt aber mit Kreuz und Schenkel am Pferd) und klopft beruhigend den Hals. Dann wird ruhig abgewendet, die Zügel aufgenommen und erneut angeritten. Sollte das Pferd beim Verweigern das Hindernis umgestoßen haben, muss der Reiter abwarten, bis es wieder aufgebaut worden ist und ein Klingelzeichen das Signal zum erneuten Anreiten gibt. Ein verweigertes Hindernis muss im zweiten oder dritten Versuch überwunden werden, sonst gilt es als ausgelassen, was zum Ausschluss führt. Springt ein Reiter ein zusammengestoßenes Hindernis oder wartet er das Klingelzeichen nicht ab, so führt das ebenfalls zum Ausschluss. Die gleiche Folge haben das Auslassen eines Hindernisses oder die „falsche Bahn", das heißt das Springen des Parcours nicht in der vorgeschriebenen Reihenfolge. Auch darf kein Hindernis gesprungen werden, welches nicht zum Parcours gehört. „Fremde Hilfe" wie zum Beispiel das Antreiben des Pferdes durch Zurufe von Zuschauern und Ähnliches ist verboten. Start- und Ziellinien, durch Flaggen markiert, müssen unbedingt durchritten werden!

7 Wie verhält sich ein Reiter auf der Straße und in Wald und Feld?

Das Reiten auf Straßen und öffentlichen Wegen ist in der Straßenverkehrsordnung (StVO) festgeschrieben. Danach sind Reiter und Pferde, die an der Hand geführt werden, Fahrzeugen gleichgestellt. Pferde dürfen nur dann in den Straßenverkehr, wenn sie verkehrssicher sind und von Personen geführt oder geritten werden, die körperlich dazu in der Lage sind und deren reiterliche Einwirkung stark genug ist. Grundsätzlich gehen die Pferde dicht hintereinander (nicht mehr als eine Pferdelänge Abstand!) am rechten Straßenrand, gleich, ob geführt oder geritten. Natürlich ist es verboten, ein Pferd vom Fahrrad oder gar vom Auto aus zu führen. Das Reiten auf Geh- und Fahrradwegen ist nicht erlaubt!

Das Reiten im Verband ist in § 27 StVO geregelt: größere Reitergruppen reiten im Straßenverkehr im Verband, dessen Länge 25 Meter nicht überschreiten darf. Das entspricht zehn bis zwölf Pferden paarweise geritten, also etwa sechs Paaren. So ein Verband gilt dann als ein einziger Verkehrsteilnehmer und darf nicht durch andere Verkehrsteilnehmer getrennt werden. Falls eine Ampel hinter den ersten Pferden auf Rot umspringt, darf und muss der restliche Verband dennoch weiterreiten. Sind mehrere Verbände auf der Straße unterwegs, so muss zwischen den einzelnen Gruppen ein Abstand von 25 Metern eingehalten werden, um ein Überholen zu ermöglichen.

In der Dämmerung und im Dunkeln müssen die Pferde beleuchtet sein und zwar nach vorn durch eine gut sichtbare Leuchte mit weißem Licht an den Vorauspferden und nach hinten durch eine von weitem gut sichtbare Leuchte mit rotem Licht an den Schlusspferden. Sehr zu empfehlen sind Stiefellampen, Leuchtgamaschen und reflektierende Streifen an der Kleidung aller Reiter. Dadurch wird die Sicherheit erhöht.

Muss ein Einzelreiter auf der Straße abbiegen, hebt er rechtzeitig den Arm bis in die Waagerechte und verhält sich wie ein Radfahrer. Müssen mehrere Pferde oder muss ein Verband eine Straße überqueren, wird im Schritt möglichst dicht aufgeritten und werden alle Pferde mit der Nase zur Straße zum Halten gebracht. Dann wird eine genügend große Verkehrslücke abgewartet und die Straße „in einem“ zügig überquert. Biegt ein Verband nach links ab, wird ebenfalls möglichst dicht aufgeritten; dabei geben Anfangs- und Schlussreiter rechtzeitig durch Armheben bekannt, dass die Straßenseite gewechselt werden soll. Auf das meist

Reiter dürfen hier trotzdem reiten!

Reiten verboten!

Dieser Weg ist nur für Reiter bestimmt!

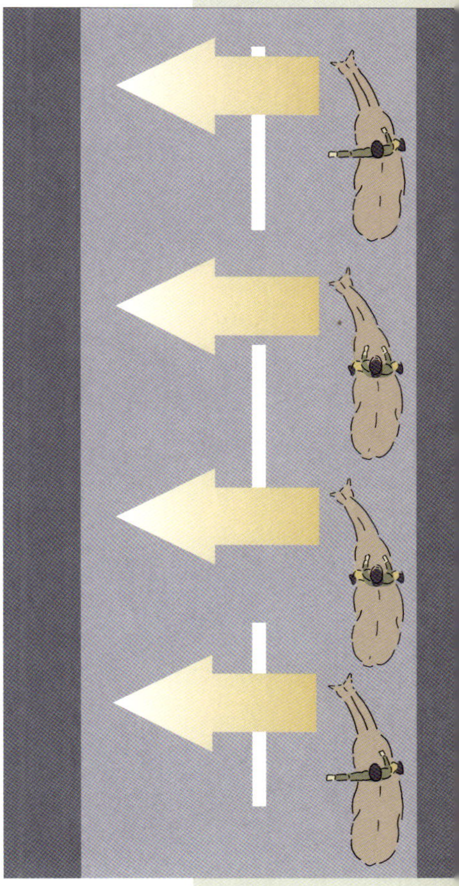

Ein Verband biegt nach links ab.

vom Anfangsreiter gegebene Kommando „Links um“ wenden alle gleichzeitig nach links und überqueren nebeneinander die Straße.

Verkehrsschilder

Das Schild „Verbot für Fahrzeuge aller Art“ gilt nach ausdrücklicher gesetzlicher Bestimmung nicht für Reiter. Dasselbe Schild mit einem schwarzen Reiter heißt Reiten verboten. Ein rundes Schild mit weißem Reiter auf blauem Grund kennzeichnet einen Reitweg, der ausschließlich Reitern vorbehalten ist.

In **Feld und Wald** passt der verantwortungsbewusste Reiter Gangart und Tempo der Beschaffenheit der Wege an. Er trabt nicht oder galoppiert gar, wenn der Weg matschig oder steinig ist. Auch wenn ein Weg unübersichtlich ist, reitet man vorsichtig; es könnte ja im nächsten Moment ein Fußgänger vor einem stehen! Auf Asphalt oder Teerstraßen wird nur Schritt geritten. Das Pferd könnte sonst ausrutschen, und der harte Untergrund beansprucht Gelenke und Bänder des Pferdes zu stark. Auch Kieswege reitet man nur im Schritt, weil durch Traben und Galoppieren Schäden am Weg entstehen. Ist auf einem Feld- oder Waldweg ein schmaler Fahrradpfad zu erkennen, wird dieser selbstverständlich geschont. Die FN hat zwölf Gebote für das Reiten im Gelände herausgebracht. Man sollte sie kennen und beherzigen!

Bitte beherzigen!

12 Gebote für das Reiten im Gelände

1 Verschaffe deinem Pferd täglich ausreichend Bewegung und gewöhne es vor dem ersten Ausritt an den Straßenverkehr!

2 Sorge für hinreichenden Versicherungsschutz für Reiter und Pferd; verzichte nie auf eine feste Sturzkappe!

3 Kontrolliere täglich den verkehrssicheren Zustand von Sattel und Zaumzeug!

4 Vereinbare die ersten Ausritte mit Freunden; in der Gruppe macht es mehr Spaß und es ist sicherer!

5 Reite nur auf Wegen und Straßen, niemals querbeet, wenn dafür keine besondere Erlaubnis vorliegt! Meide in jedem Fall Grabenböschungen und Feuchtbiotope!

6 Meide ausgewiesene Fuß-, Wander- und Radwege; benutze in „Verdichtungsgebieten“ (Ballungsräumen) nur die gekennzeichneten Reitwege!

7 Du bist Gast in der Natur. Dein Pferd bereichert die Landschaft, wenn du dich korrekt verhältst!

8 Verzichte auf einen Ausritt oder nimm Umwege in Kauf, wenn Wege durch anhaltende Regenfälle oder Frosteinbrüche weich geworden sind und nachhaltige Schäden entstehen können!

9 Begegne draußen Kindern, Wanderern, Radfahrern, Reitern und Kraftfahrzeugen grundsätzlich nur im Schritt, passe das Tempo dem Gelände an!

10 Melde unaufgefordert Schäden, die einmal entstehen können, und regele entsprechenden Schadenersatz!

11 Verfolge und belehre Übeltäter, die gegen diese Regeln verstoßen!

12 Sei freundlich und hilfreich zu allen, die dir draußen begegnen, und sei deinem Pferd ein guter Kamerad!

Pferdehaltung

8

Man unterscheidet drei verschiedene Aufstallungsformen:

Im **Laufstall** werden mehrere Pferde in einem großen Stall als Herde gehalten. Ein solcher Stall wird häufig in der Aufzucht verwendet. Die Größe des Stalles muss sich natürlich nach der Anzahl der Fohlen und Pferde richten.

Die **Gruppenauslaufhaltung** ähnelt der Laufstallhaltung, hat aber stets einen frei zugänglichen Auslauf, häufig auch getrennte Fress- und Liegebereiche. Meist ist es ein Offenstall für vier bis acht Pferde.

Bei der **Einzelaufstallung** sind die Pferde meist in Boxen in einem geschlossenen Stall untergebracht oder in Außenboxen mit Fenstern, die sich öffnen lassen, damit die Pferde hinausschauen können. Sportpferde werden meist auf diese Weise untergebracht. Die Vorteile dieser Art der Unterbringung sind, dass die Pferde individuell gefüttert und besser überwacht werden können und dass die Verletzungsgefahr geringer ist.

Bei allen Aufstallungsformen sollte die Temperatur ähnlich der Außentemperatur sein, Extreme sollten aber abgemildert werden. Die Luftfeuchtigkeit sollte 60 bis 80 Prozent betragen. Ist die Luft feuchter und zudem wärmer, kann es zu Atemwegserkrankungen kommen. Schimmelpilze, Parasiten und Krankheitserreger fühlen sich in warmer, feuchter Luft sehr wohl. Der Stall sollte hell sein mit mindestens einem Quadratmeter Fensterfläche pro Pferd.

Ein gut belüfteter Stall, in dem die Pferdeäpfel und nassen Stellen in der Einstreu regelmäßig entfernt werden, hat eine geringere Ammoniakkonzentration. Dieses Schadgas reizt die Schleimhäute und führt leicht zu Atemwegserkrankungen. Pferde können Kälte oder große Wärme viel besser verkraften als wir Menschen. Sie vertragen aber keine Zugluft!

Die Haltung in größeren oder kleineren Gruppen kommt dem Herdentier Pferd sehr entgegen, weil es ständigen Kontakt zu seinen Artgenossen hat. Auch ist dem Steppentier Pferd mehr Bewegung möglich. Um aber dem Bewegungsbedürfnis des Pferdes genügend entsprechen zu können, sollte der Reiter täglich reiten. Stehtage schaden dem Pferd! Es sollte zusätzlich für möglichst viel Auslauf auf der Weide oder im Paddock gesorgt werden. Aber bitte mit Verstand: Es ist nicht sinnvoll, ein Pferd, welches jeden Tag geputzt wird (also ein nahezu fettfreies Fell besitzt) und zudem im Stall eingedeckt ist, ohne Decke bei Wind und Wetter oder Dauerregen für viele Stunden in einen matschigen Paddock zu stellen! Man sollte sein Pferd genau beobachten: Fühlt es sich wohl? Bewegt es sich oder steht es nur am Tor und möchte wieder in den Stall? Stellt es das Fell auf, weil es friert? Dann braucht es vielleicht eine Weidedecke. Ein überschäumendes Losbuckeln des Pferdes, weil es seit Wochen nicht auf der Weide war, kann üble Verletzungen ergeben. „Ich schmeiß das Pferd heute raus!" darf kein Alibi sein für Zeitmangel, fehlende Lust oder Ähnliches. Der Reiter ist für sein Pferd verantwortlich!

Die richtige Fütterung

Wie ein Pferd richtig mit den drei Grundfuttermitteln Kraftfutter (also Hafer, Gerste, Körnermais und anderes, Raufutter (Heu und Stroh) und Saftfutter (Silage, Gras, Möhren und Ähnliches) zu füttern ist, war bereits Thema der Prüfung zum Basispass. Wichtig ist, dass die Tagesration von bis zu 5,0 Kilogramm Kraftfutter in mindestens drei Portionen über den Tag verteilt wird, das Heu (rund fünf bis zehn Kilogramm pro Tag bei einem Warmblut) am besten morgens und abends gefüttert wird und - wenn das Pferd auf Spänen stehen muss - wenigstens ein Kilogramm Futterstroh pro Tag zur Verfügung steht. Stroh malmen und verstreute Heuhalme aus der Streu suchen ist eine artgerechte Beschäftigung für das Steppentier Pferd. Dass alle Futtermittel ständig auf gute Qualität und einwandfreien Zustand zu kontrollieren sind, versteht sich von selbst. Schimmel im Futter kann tödliche Folgen haben!

Die Selbsttränke muss stets sauber gehalten werden, denn verunreinigtes Wasser schmeckt keinem Pferd. Wenn aus Eimern getränkt werden muss, heißt es Wasser schleppen: ein Pferd benötigt 40 bis 70 Liter Wasser pro Tag. Niemals erhitzte Pferde tränken! Falls ein Pferd zu gierig säuft, eine Hand voll Heu auf die Wasseroberfläche legen. Das Wasser muss sauber sein und auf keinen Fall zu kalt.

Viele Reiter wollen ihren Pferden etwas besonders Gutes tun, um die Leistung zu steigern, das Fell zum Glänzen zu bringen, die Hufe zu mehr Wachstum anzuregen und anderes mehr. Es werden Unmengen von Produkten auf dem Markt angeboten: für jedes Wehwehchen und für jeden Wunsch (des Reiters) gleich mehrere. Zu viel des Guten ist jedoch schädlich! Ungekochter Leinsamen in kleinen Mengen (unter 100 Gramm) ist gut; in größeren Mengen muss er jedoch abgekocht werden, weil sonst Vergiftung durch Blausäure droht.

Grundsätzlich gilt: Zusätzliches Füttern von Mineralfutter, Vitamin- und Ergänzungsfutter (Pferdemüsli, Spurenelemente, und Ähnliches) immer mit dem Futtermeister oder einem erfahreneren „Stallmann", besser noch mit einem Tierarzt besprechen. Nie auf eigene Faust irgendetwas hinzufüttern!

Was darf mein Pferd nicht fressen?

Das Pferd ist kein Abfalleimer! Küchenabfälle haben in der Pferdekrippe nichts zu suchen! Kohlblätter blähen, Erbsenschalen enthalten zu viel Eiweiß, Kartoffelschalen in größeren Mengen ebenfalls. Kleine Äpfel müssen immer zerkleinert werden, damit das Pferd sie nicht im Ganzen herunterschluckt: es könnte einen Schlundstopfer geben. Das Pferd hat eine sehr feine Nase, mit der es auf der Weide (früher in der Steppe) die schmackhaften, gesunden Kräuter von den weniger schmackhaften und oft schädlichen unterscheiden kann. In unserer Kulturlandschaft sind jedoch sehr häufig die Pferdekoppeln von Hausgärten umgeben oder es blühen und grünen so manche Pflanzen und Sträucher in der Nähe eines Koppelzaunes, die dort nicht hingehören. Viele dieser Pflanzen schmecken den Pferden gut, obwohl sie ihnen nicht bekommen. Es ist also sinnvoll, auch eine vertraute Koppel von Zeit zu Zeit abzugehen und auch jenseits des Zaunes (Pferdehälse sind lang!) auf giftige Pflanzen zu achten. Zu den Giftpflanzen gehören:

Thuja
Sumpfdotterblume
Herbstzeitlose
Adlerfarn
Gemeiner Buchsbaum
Sumpfschachtelhalm
Roter Fingerhut
Gemeiner Goldregen
Schwarze Tollkirsche
Beeren-Eibe
Schwarzes Bilsenkraut
Weiße Robinie
Bingelkraut

Die meisten dieser Pflanzen verursachen Lähmungen, Krämpfe, Schwanken und Taumeln. Besteht der Verdacht, dass ein Pferd giftige Pflanzen gefressen haben könnte, sofort den Tierarzt rufen! Hilfreich wäre es, wenn man die Pflanze benennen könnte, von der gefressen wurde.

Thuja Foto: P. Prohn

Sumpfdotterblume Foto: P. Prohn

Herbstzeitlose Foto: P. Prohn

Adlerfarn Foto: P. Prohn

Foto: P. Prohn

Gemeiner Buchsbaum

Foto: Reinhard-Tierfoto

Sumpfschachtelhalm

Foto: P. Prohn

Roter Fingerhut

Gemeiner Goldregen Foto: P. Prohn

Schwarze Tollkirsche Foto: P. Prohn

Beeren-Eibe Foto: P. Prohn

Schwarzes Bilsenkraut Foto: P. Prohn

Robinie Foto: P. Prohn

Bingelkraut Foto: P. Prohn

Was muss ein Reiter über den Körperbau des Pferdes wissen?

Das Pferd wird in drei Hauptbereiche eingeteilt:
die Vorhand (Kopf, Hals, Brust, Vorderbeine)
die Mittelhand (Widerrist, Rücken, Bauch) und
die Hinterhand (Kruppe, Hinterbeine, Schweif).

Die **Vordergliedmaßen** bestehen aus Schulter, Buggelenk, Oberarm, Ellenbogen, Unterarm, Vorderfußwurzel- oder Karpalgelenk, Mittelfuß oder Röhrbein, Fesselgelenk, Fessel, Krongelenk, Kronbein, Hufgelenk, Hufbein.

Die **Hintergliedmaßen** bestehen aus Beckengürtel, Hüftgelenk mit Sitzbeinhöcker, Oberschenkel, Kniegelenk, Unterschenkel, Sprunggelenk, Mittelfuß oder Hinterfußwurzelknochen, Fesselgelenk, Fessel, Krongelenk, Kronbein, Hufgelenk, Hufbein.

Die **Wirbelsäule** setzt sich aus sieben Halswirbeln (auch eine Giraffe und eine Maus haben sieben Halswirbel!), 18 Brustbeinwirbeln, sechs Lendenwirbeln, fünf Kreuzbeinwirbeln (die miteinander zum Kreuzbein verwachsen sind) und 18 bis 21 Schweifwirbeln zusammen. Zahlreiche Gelenke und Bänder verbinden die Wirbel. Acht Brustwirbel sind mit dem Brustbein verbunden und bilden die Trage- oder wahren Rippen. Zehn falsche oder Atmungsrippen bilden mit ihren lan-

Der Knochenbau des Pferdes

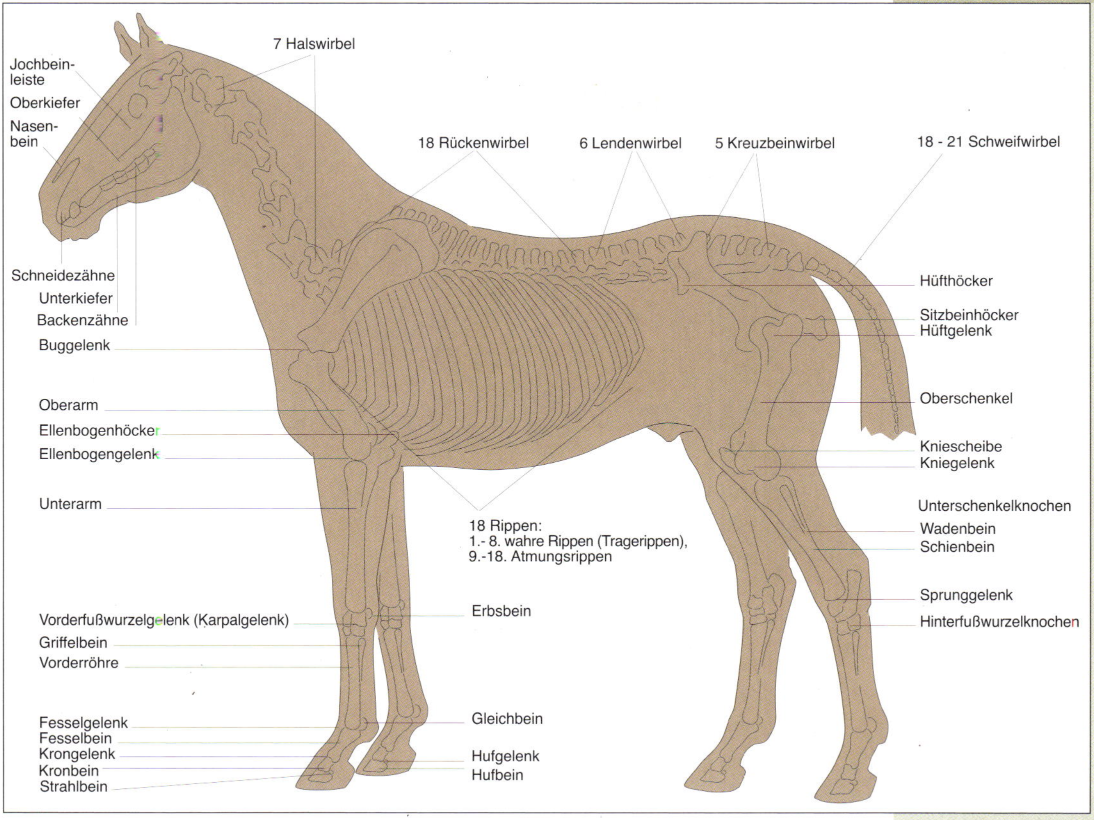

gen Knorpeln den Rippenbogen. Außer an den Hals- und Schwanzwirbelkörpern befinden sich an den Rückenwirbeln Dornfortsätze. Am Widerrist sind sie besonders lang. Bis zum 16. Wirbel (der erste Wirbel liegt gleich hinter dem Genick), also etwa bis zur Mitte, sind sie schweifwärts gerichtet. Der 16. Wirbelfortsatz steht aufrecht und die dann folgenden sind kopfwärts gerichtet. Zusammen mit den starken Bändern (das wichtigste ist das Nackenband) und den vorderen und hinteren Gliedmaßen als Stützpfeiler ergibt sich eine Brückenkonstruktion. Dadurch kann das Pferd die Last eines Reiters tragen.

Wie soll ein harmonisches Reitpferd aussehen?

Bei der Beurteilung eines Pferdes werden das **Exterieur** (Körperbau, Pflege- und Futterzustand), der **Gang** (Korrektheit, Raumgriff und Schwung) und das **Interieur** (Charakter, Temperament, Leistungsveranlagung) unterschieden. Ein harmonisches Reitpferd soll einen langen, gut angesetzten Hals haben mit einem feinen Genick und genügend Ganaschenfreiheit, das heißt die Ganaschen dürfen nicht zu stark ausgeprägt sein, da diese Pferde leicht Schwierigkeiten mit der Beizäumung haben. Die Schulter soll lang und schräg sein mit langem Oberarm für guten Raumgriff. Der Widerrist soll lang sein und weit in den Rücken auslaufen. Das ergibt eine gute Sattellage. Der Rücken darf nicht zu lang sein (dann wäre er schwach) und nicht zu kurz, da ein kurzer, strammer Rücken nicht zum Schwingen kommt; diese Pferde lassen sich schwer sitzen. Die Hinterhand sollte eine günstige Winkelung der einzelnen Knochen zu einander haben. Die Kruppe darf also nicht zu stark abfallen oder gerade sein. Ist die Hinterhand zu steil, können die Hinterbeine nicht unter den Schwerpunkt treten. Ein säbelbeiniges Pferd kann keine Last aufnehmen.

Die Größe eines Pferdes wird meist mit dem Stockmaß (Messstock) gemessen: vom Boden bis zur höchsten Stelle des Widerristes. Das Bandmaß liegt leicht am Pferd an; man misst vom Boden aufwärts über Vorderbein und Schulter bis zur höchsten Stelle des Widerristes. Das Bandmass fällt etwa zehn Zentimeter größer als das Stockmaß aus, weil es die Körperform nachzeichnet.

Bei der Beurteilung eines Pferdes sollte die allgemeine Qualität bestimmend sein.

> Man hüte sich vor der Fehlersuche, denn es gibt kein Pferd ohne Mängel! Häufig ist das Interieur für die Leistungsfähigkeit wichtiger als einzelne Mängel im Körperbau.

Über Farben und Abzeichen wurde bereits im Basispass gesprochen. Jeder Reiter hat eine besondere Vorliebe für eine bestimmte Pferdefarbe und kauft trotzdem auch ein andersfarbiges Pferd. Die Farbe eines Pferdes darf nicht ausschlaggebend sein, wenn das Exterieur und das Interieur des Tieres stimmen. Ein altes Sprichwort sagt: „Ein gutes Pferd hat keine Farbe“.

Wie heißen die deutschen Warmblut-Zuchtgebiete und wie sehen ihre Brandzeichen aus?

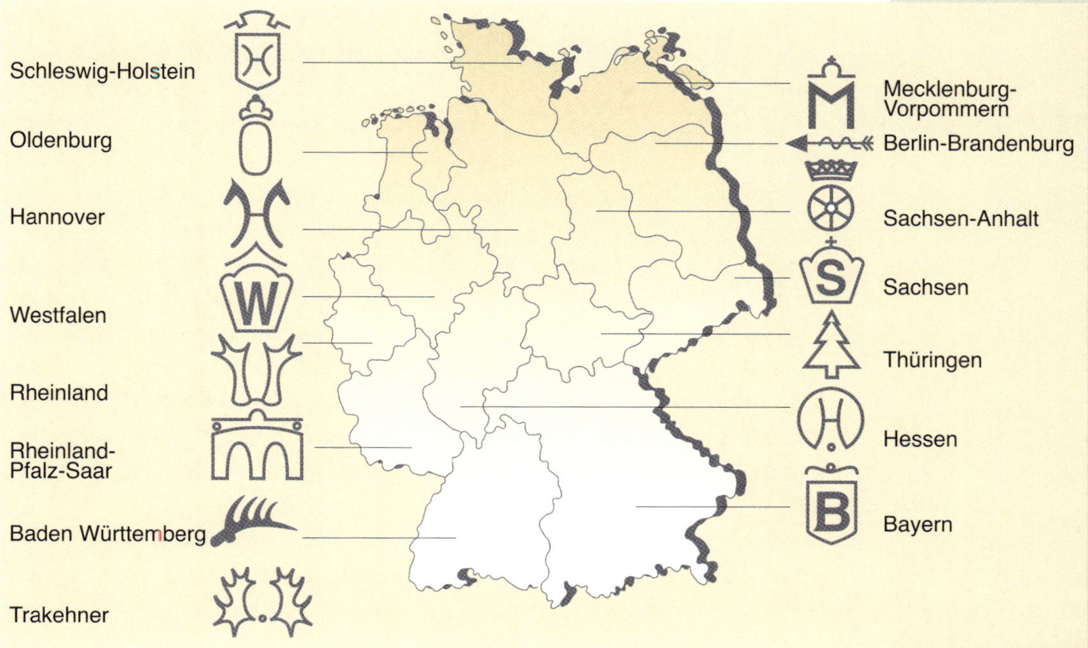

Pferdezuchtgebiete in Deutschland und ihre Brandzeichen

Welche Pferderassen sind in Deutschland vertreten?

Vollblutpferde
Zu den Vollblütern zählt man das Englische Vollblut, die Traber und die Araber.

Englische Vollblutpferde haben hinter ihrem Namen ein „XX". Sie gehen auf das arabische Vollblut zurück, das hinter dem Namen ein „OX" trägt. Werden Englische Vollblüter wieder mit Arabern gekreuzt, so ergeben sich Anglo-Araber, die hinter dem Namen ein „AA" führen. Vollblutpferde finden meistens als Rennpferde und als Zuchttiere (Veredlerhengste) in der Warmblutzucht Verwendung. Traber werden fast ausschließlich für den Rennsport gezüchtet. Reinrassige Araber findet man in Deutschland als Reitpferde recht selten. Sie werden ebenfalls in der Warmblutzucht als Veredler eingesetzt.

Warmblutpferde
Die meisten Reitpferde gehören hierzulande dem „deutschen Warmblut" an. Sie sind anfangs aus der Verbindung der jeweils bodenständigen Rasse mit Vollblut hervorgegangen. Warmblutpferde werden nach Zuchtgebieten unterschieden: Holsteiner, Hannoveraner, Oldenburger, Trakehner und andere.

Kaltblüter
Das Kaltblut ist das schwerste Pferd und wurde früher in der Land- und Forstwirtschaft sowie von Fuhrbetrieben (zum Beispiel Brauereien) eingesetzt. Durch die Motorisierung ist der

Bestand sehr stark zurückgegangen. In letzter Zeit finden aber die Kaltblüter immer mehr Liebhaber unter den Freizeitreitern.

Ponys

Als Pony bezeichnet man alle Pferde mit einem Stockmaß von 148 Zentimetern und darunter. Sie werden in drei Größen eingeteilt:
K-Pony bis 127 Zentimeter
M-Pony von 128 bis 137 Zentimeter
G-Pony von 138 bis 148 Zentimeter.
Zu den bekanntesten Ponyrassen zählen die Fjordpferde aus Norwegen, die Haflinger aus den Alpenländern, die Connemara-Ponys aus Irland, die Islandpferde, Welsh- und New-Forest-Ponys aus England und die kleinste Ponyrasse, die Shetland-Ponys. Ponys finden im Leistungssport bis zur Deutschen und Europameisterschaft Verwendung. Für die Reitabzeichenprüfung sind Ponys zugelassen.

Was ist zu tun, wenn ein Pferd krank ist?

Wer sein Pferd gut kennt, wird sehr bald merken, wenn das Tier gesundheitlich nicht in Ordnung ist.

Grundsätzlich gilt, dass der Tierarzt lieber dreimal zu oft als ein einziges Mal zu wenig gerufen werden sollte!

Hier können nur einige wenige der häufigsten Krankheiten besprochen werden:

Die Anzeichen der **Kolik** können sehr unterschiedlich sein, je nachdem, wie heftig die Kolik ist. Teilnahmslosigkeit, Fressunlust und häufiges Liegen können genauso auf eine Kolik hindeuten wie heftige Unruhe, Kratzen, Hinwerfen und Wälzen, verbunden mit Schwitzen, Umschauen und Schlagen nach dem Bauch, Gähnen und Flehmen. Sofort den Tierarzt rufen! In der Zwischenzeit sollte man restliches Futter aus der Krippe nehmen und Atmung, Puls sowie Wasseraufnahme beobachten. Das Pferd im Schritt führen und eventuell eindecken.

Husten muss immer sehr ernst genommen werden: Fieber messen und den Tierarzt rufen! Er muss beurteilen, ob es sich nur um eine Erkältung oder um eine Infektion handelt. Husten kann sehr leicht zu einer chronischen Bronchitis führen. Hustenpferde brauchen viel frische Luft und Bewegung - aber schwitzen dürfen sie nicht! Nachdem die Krankheit abgeheilt ist, sollten die Pferde lange genug geschont werden. Für ein gutes Stallklima muss gesorgt werden.

Lahmheit: Wenn ein Pferd nicht wie gewohnt vorwärts tritt, bittet man einen erfahrenen Stallkameraden zu Hilfe. Das Pferd wird an der Hand (auf Trense!) auf hartem Boden vorgetrabt und der erfahrene Helfer beobachtet, wo die Taktunreinheit liegt. Fällt das Pferd zum Beispiel auf das linke Vorderbein, so hat es Schmerzen im rechten Vorderbein. Es entlastet das kranke und belastet das gesunde Bein. Das kranke Bein wird nun sorgfältig auf Verletzungen, Verdickungen und Schwellungen sowie auf Wärme und Pulsation abgetastet.

Am **Huf** könnte ein eingetretener Fremdkörper die Ursache sein. Am gefährlichsten ist ein **Nageltritt**. Wenn möglich, den Fremdkörper im Huf lassen, bis der Tierarzt kommt. Anderenfalls muss man sich die Einstichstelle und die Richtung des Stichkanals merken. Außer der Infektionsgefahr ist die Möglichkeit der Verletzung der Huflederhaut, des Hufbeines und der tiefen Beugesehne gegeben. Deshalb unbedingt einen Tierarzt konsultieren!

Ein **Ballentritt** ist eine offene Verletzung am Ballen, ein **Kronentritt** eine Verletzung der Krone. Schwere Verletzungen dieser Art können sich Pferde mit Stollen zufügen. Deshalb niemals mit Stollen verladen, auf die Weide oder in die Box! Stollen müssen stets sofort herausgedreht werden, wenn das Springen oder der Geländeritt beendet wurden.

Strahlfäule kann ebenfalls zur Lahmheit führen. Strahlfäule stinkt. Man behandelt sie, indem man einen Wattebausch mit vierprozentigem Jodoformäther (in der Apotheke erhältlich) tränkt und in die fauligen Stellen drückt. Zur Vorbeugung: die Hufe müssen immer sauber und trocken gehalten werden.

Ist der Huf warm und fühlt man an der Innenseite der Fessel eine Pulsation, handelt es sich möglicherweise um ein **Hufgeschwür**. Dies ist ein Bluterguss im Huf, der sich entzündet hat. Solche Blutergüsse entstehen durch Druck oder Schlag, zum Beispiel wenn das Pferd im Galopp mit der Hufsohle auf einen Stein tritt, durch eine Vernagelung oder Ähnliches. Zur Behandlung muss der Huf zunächst weich gemacht werden (am besten durch Sauerkrautumschläge), bis der Tierarzt oder Schmied den Huf ein wenig öffnet, um Blut und Eiter abfließen zu lassen. Hufgeschwüre sind sehr schmerzhaft.

Ist die Sehne warm und dick, sofort den Tierarzt rufen. **Sehnenschäden** sind langwierig, und das Pferd hat Schmerzen. Es muss Boxenruhe haben und darf nicht bewegt werden (Kraftfutter reduzieren!).

Eine **Galle** ist eine mit einer gallertartigen Masse gefüllte Verdickung an den Fesselköpfen oder an den Sprunggelenken. Sie entsteht entweder durch Überlastung oder durch zu eiweißreiches Futter. Solange die Galle weich und elastisch ist, ist sie nur ein Schönheitsfehler; verhärtet sie sich aber, kann sie zur Lahmheit führen.

Ist der Grund einer Lahmheit nicht offensichtlich zu erkennen, ist immer der Tierarzt zu befragen.

Es könnte Spat (chronische Entzündung des Sprunggelenkes) oder auch **Schale** (Knochenauftreibung meist am Kron- und Fesselgelenk der Vorderbeine) sein. **Arthrose** verläuft schleichend, die Lahmheit kommt und geht im Anfangsstadium. Unter Umständen führt Arthrose zur Zerstörung des Gelenkknorpels. Spat und Schale sind arthrotische Formen.

Eine **Piephacke** ist eine mit Flüssigkeit gefüllte Beule an der Hacke des Sprunggelenkes. Sie entsteht durch Anschlagen zum Beispiel an der Boxwand. Sie stört nicht weiter, sondern ist nur ein Schönheitsfehler.

Wenn plötzlich das ganze Bein anschwillt und warm wird, spricht man von einem **Einschuss**. Ursache ist eine Wundinfektion, die häufig durch kleine, belanglose Wunden entsteht. Die

Infektion darf sich nicht weiter ausbreiten, deshalb sofort den Tierarzt rufen!

Sattel- und Gurtdruck verursachen schmerzhafte Schwellungen am Widerrist und in der Gurtlage, die durch schlecht sitzende Sättel, Longiergurte, Decken und scheuernde Gurte verursacht werden. Die Schwellungen heilen recht langsam, dann entstehen kahle Stellen und nach Wochen wachsen weiße Haare nach. Die Ursache des Druckes muss unbedingt sofort abgestellt werden. Decken und Gurte stets sauber halten und (ganz wichtig!) das Nachgurten nie vergessen.

Kaufvertrag

Als das neue Verbraucherschutzgesetz in Kraft trat, wurde die alte Gewährsmängelregelung und der den Kauf besiegelnde Handschlag abgeschafft. Der Käufer ist verpflichtet, das Pferd je nach Absprache auch nach ein bis zwei Jahren nach Kaufabschluss zurück zu nehmen, wenn gesundheitliche Mängel zutage treten, die offensichtlich verschwiegen worden sind, oder das Pferd nicht den Anforderungen entspricht, für die das Pferd gekauft worden ist. Ein „tolles Kinderpferd", das von keinem Kind zu reiten ist, muss der Verkäufer auch nach längerer Zeit zurücknehmen und den Kaufpreis erstatten.

Der Pferdepass

Seit dem 01. Juli 2000 ist nach den Bestimmungen der EU für alle Equiden (also auch für Esel und Zebras) der Pferdepass vorgeschrieben. In diesem Pass sind zur genauen Identifikation des Pferdes

- Name und Lebensnummer (Geburtsjahr)
- Züchter und Besitzer (mehrere Spalten für Besitzwechsel)
- Zuchtgebiet und Abstammung über vier Generationen
- Farbe und Abzeichen (Grafiken der Abzeichen, die ganz genau eingezeichnet werden müssen)
- Brände und Microchip-Nummer

enthalten.

Außerdem werden Zuchtbuch-Eintragungen (Körungen, Zuchtleistungsprüfungen), Eintrag des Pferdes als Turnierpferd bei der FN, bei Ponys das Stockmaß im Alter von drei und sieben Jahren und, sehr wichtig: die Schutzimpfung gegen Husten und andere Krankheiten (Grundimmunisierung) vermerkt.

Seit dem 01.07.2000 dürfen Pferde nur dann an Wettbewerben aller Art teilnehmen, wenn sie eine Grundimmunisierung erhalten haben. Als Anhang enthält der Pferdepass eine Erklärung, in der sich der Pferdeeigentümer entscheiden muss, ob sein Pferd - wenn es denn einmal getötet werden muss - geschlachtet werden soll (also als Nahrungsmittel verwendet werden kann) oder einzuschläfern ist. Entscheidet man sich für die zweite Alternative, so gilt diese Entscheidung zwar unwiderruflich auch für eventuelle spätere Eigentümer, hat jedoch für das Pferd den Vorteil, dass es im Krankheitsfall mit allen zur Verfügung stehenden Medikamenten behandelt werden kann. Für Pferde, die nach dem Ende ihres Lebens in die Nahrungsmittelkette gelangen können, sind eine Reihe von Medikamenten tabu. Der Pferdepass muss bei allen Transporten mitgeführt werden.

Sicherheit und Unfallschutz

9

Bei der Sicherheit im Umgang mit dem Pferd geht es nicht um das Auswendiglernen von Grundsätzen, sondern um Erkenntnisse, die man sich zu Eigen gemacht hat, um den Umgang mit dem Pferd möglichst sicher zu gestalten. Aus Gewohnheit („andere tun das ja auch"), aus Bequemlichkeit und im Vertrauen darauf, dass noch nichts passiert ist, werden immer wieder grobe Fehler gemacht, die schlimme Folgen haben können.

Nie vergessen: Pferde sind Fluchttiere und daher sehr schreckhaft!

Sicherheit im Stall und bei der Pflege

- Immer ein Pferd ansprechen, bevor man sich ihm nähert.
- Nie von hinten an ein Pferd herangehen.
- Ohren und Mienenspiel des Pferdes beobachten. Döst das Pferd vielleicht gerade?
- Alle Gegenstände beiseite räumen, die herabfallen, umfallen oder in die das Pferd hineintreten könnte (Halfter auf dem Fußboden, herumliegendes Putzzeug und Ähnliches).
- Den Strick, der immer einen Panikhaken haben muss, nur mit einem Sicherheitsknoten befestigen. Sehr zu empfehlen ist ein Stück Sackband, das entweder als kleine Schlaufe am Halfter befestigt oder um den Anbindebalken beziehungsweise -ring geschlungen wird. An dieser Schlaufe wird dann der Strick ordnungsgemäß befestigt. Gerät das Pferd jetzt in Panik, reißt das Sackband und es gibt keinen Schaden.
- Nie an Türen oder dünnen Bäumen und Ästen anbinden.
- Niemals mit dem Zügel der Trense anbinden, immer aufhalftern.
- Im Stall nicht rennen und laufen.

Wenn ein Pferd so angebunden wird, gibt es keine Schäden.

Sicherheit beim Führen

Das Pferd immer nach rechts wenden!

- Das Pferd wird grundsätzlich auf Trense geführt. Nur wer sein Pferd sehr gut kennt, kann es in vertrauter (!) Umgebung am Halfter führen.
- Immer festes Schuhwerk tragen. Barfüße oder Sandalen haben zwischen Pferdebeinen nichts zu suchen.
- Der Führende geht immer in Schulterhöhe an der linken Seite des Pferdes und nicht vor dem Pferd (es könnte den Führenden umrennen) beziehungsweise nicht weiter zurück (man hat keine Gewalt über das Pferd, falls es losstürmt).
- Man wendet das Pferd immer nach rechts, wobei die linke Hand in Richtung des linken Pferdeauges erhoben wird, um die Wendung zu unterstützen. So kann das Pferd nicht in den Führenden hineinspringen.
- Niemals den Strick um die Hand wickeln.
- Werden mehrere Pferde hintereinander her geführt, mindestens fünf Meter Abstand einhalten. Schlägt dann ein Pferd, kann es den nachfolgenden Führer nicht treffen.
- Boxen-, Reithallen- und Bandentüren immer weit öffnen. Enge Durchgänge vermeiden.
- Wird ein Pferd auf die Weide geführt, wird es mit dem Kopf in Richtung Ausgang gedreht, angehalten und erst dann vom Strick befreit. Das Pferd nie einfach „losbrettern" lassen.

Nur mit festen Schuhen an das Pferd herantreten.

Sicherheit für den Reiter

- Immer Reithelm oder Sturzhelm tragen.
- Stiefel oder Stiefeletten mit durchgängiger glatter Sohle tragen.
- Lange Haare zusammenbinden
- Lange Schals vermeiden oder fest verknoten. Sie könnten im Unglücksfall tödlich werden.
- Jacken schließen oder ausziehen. Offene Jacken flattern herum und erschrecken nicht nur das eigene Pferd.
- Sattelzeug stets in gepflegtem Zustand halten. Besonders Sattelstrupfen, Bügelriemen und Zügel immer wieder auf Schäden kontrollieren.

Foto: A. Schmelzer

Sicherheit für das Pferd

- Beim täglichen Putzen stets Sattellage, Kopf und Beine auf Druckstellen untersuchen.
- Auf den einwandfreien Zustand der Hufe und des Beschlages achten.
- Nach dem Reiten Hufe auf eingetretene Steine und Ähnliches untersuchen.
- Das Pferd nicht überfordern und nicht ermüden.

Sicherheit beim Verladen

- Auf einwandfreien Zustand des Zugautos und des Pferdehängers achten.
- Ruhe bewahren!
- Das Pferd im Hänger nicht zu lang oder zu kurz anbinden (Sicherheitsknoten!!)
- Das Pferd gut „verpacken“, das heißt Beine und Kronränder schützen, gegebenenfalls eine Decke gegen Zugluft auflegen.

- Niemals direkt hinter dem Pferd stehen, wenn die hinteren Sicherheitsstangen eingehängt oder gelöst werden. Viele Pferde sind beim Verladen nervös und könnten ausschlagen.
- Nie hinter der Verladerampe stehen, wenn Pferde ausgeladen werden.

Sicherheit für Pferd und Reiter

Grundsätzlich gilt: je besser die reiterliche Ausbildung und je rittiger ein Pferd ist, desto geringer ist die Unfallgefahr!

- Keine Experimente machen.
- Ehrliche Selbsteinschätzung: was kann ich, was kann ich (noch) nicht? Im Zweifelsfall den Reitlehrer oder einen erfahrenen Reiter fragen!
- Niemals ganz allein auf den Springplatz gehen und springen.
- Ausritte machen in der Gruppe viel mehr Spaß! Allein ist es sehr gefährlich, denn im Notfall muss ein Reiter Hilfe holen können. Wenn doch allein ausgeritten wird: immer die voraussichtliche Route im Stall hinterlassen, damit gesucht werden kann, falls das Pferd ohne Reiter zurückkehrt.

Versicherungsfragen

Es gibt drei verschiedene Versicherungsarten rund um das Pferd:

Haftpflichtversicherung
Jeder Reiter sollte haftpflichtversichert sein! Wer einen Schaden schuldhaft oder fahrlässig verursacht, haftet immer! Diese Versicherung deckt Schäden nur gegenüber Dritten ab. Sie gilt also nicht für den Reiter oder das Pferd, sondern nur für den Schaden, den Reiter und/oder Pferd anrichten.

Unfallversicherung
Jedes Mitglied eines Reitervereines ist über den Landessportverband unfallversichert. Da die Versicherungsbeiträge jedoch sehr gering sind, decken sie die entstandenen Schäden meist nur unzureichend ab. Deshalb ist es sinnvoll, zusätzlich eine private Unfallversicherung abzuschließen. Sie sollte Invalidität, Teilarbeitsunfähigkeit und Erwerbsunfähigkeit mit absichern.

Tierversicherung
Schäden am eigenen Pferd können nur durch eine Tierlebensversicherung abgesichert werden. Es gibt drei Versicherungsmöglichkeiten: Tod, Nottötung (wird wie Tod behandelt, wenn das Tier nach menschlichem Ermessen in absehbarer Zeit gestorben wäre) und Unbrauchbarkeit als Reitpferd oder gegebenenfalls als Zuchtpferd.

Reitern, die nicht über ein eigenes Pferd verfügen, sondern Pferde zur Verfügung gestellt bekommen, ist dringend zu empfehlen, einen schriftlichen Vertrag zwischen Pferdebesitzer und Reitbeteiligung zu schließen, in welchem festgelegt wird, wer für die Kosten des Schmiedes und Tierarztes, die Einstallungskosten (ganz oder teilweise) und für Schäden an der Ausrüstung aufkommt. Auch eventuelle Schäden am Pferd und am „Mitreiter" sollten geregelt werden. Man kann Musterverträge über die FN erhalten.

Pferdesport-verbände

10

Die Organisation des Pferdesportes ist wie eine Pyramide aufgebaut:

Die Basis bilden die Reitervereine auf Gemeindeebene. Die Reitervereine sind im Kreisreiterbund zusammengefasst. Alle Kreisreiterbunde eines Bundeslandes gehören dem Landesverband mit Landeskommission an. Auf Bundesebene fasst die Deutsche Reiterliche Vereinigung (FN) die Landesverbände zusammen. Ebenso das Deutsche Olympiade Komitee für Reiterei (DOKR). Die Spitze dieses hierarchischen Aufbaues bildet auf internationaler Ebene die Fédération Equestre Internationale (FEI), zu Deutsch: Internationale Reiterliche Vereinigung.

So ist die Reiterei in Deutschland organisiert.

11 Gesetze und Regelungen

Es gibt drei wichtige Regelwerke für alle, die mit Pferden umgehen: das Tierschutzgesetz, die Leistungsprüfungsordnung LPO und die Ausbildungsprüfungsordnung APO.

Tierschutzgesetz

§ 1 des Tierschutzgesetzes steht wie eine Überschrift über allen Paragraphen und ist der wichtigste. Er lautet: „Niemand darf einem Tier ohne vernünftigen Grund Schmerzen, Leiden oder Schäden zufügen."

§ 2 fordert: Wer ein Tier betreut, muss das Tier seiner Art und seinen Bedürfnissen entsprechend ernähren, pflegen und verhaltensgerecht unterbringen. Er darf die Möglichkeit des Tieres, sich artgerecht zu bewegen, nicht so weit einschränken, dass ihm Schmerzen, Leiden oder Schäden zugefügt werden. Er muss über entsprechende Kenntnisse und Fähigkeiten verfügen.

§ 3 verbietet, „... einem Tier außer in Notfällen Leistungen abzuverlangen, denen es wegen seines Zustandes offensichtlich nicht gewachsen ist oder die offensichtlich seine Kräfte übersteigen ...". Es ist verboten, an einem Tier Maßnahmen anzuwenden, die beim Training oder auch in Wettkämpfen Leiden, Schmerzen oder Schäden verursachen, um die Leistung zu steigern; als Beispiele seien das „Barren" beim Springen oder das Einwickeln harter, spitzer Gegenstände in die Bandagen genannt. Es ist verboten, zur Steigerung der Leistung Dopingmittel anzuwenden! Ebenso verboten ist, ein gebrechliches, krankes, abgetriebenes oder altes Tier, für das ein Weiterleben ohne Schmerzen und Leiden nicht möglich ist, zu einem anderen Zweck als zur unverzüglichen schmerzlosen Tötung zu verkaufen oder zu erwerben.

LPO

„Die LPO (Leistungsprüfungsordnung) dient der Durchführung von Wettbewerben (WB) und Leistungsprüfungen (LP) zur Förderung des Reit-, Fahr- und Voltigiersportes, der deutschen Pferdezucht und Pferdehaltung..." In dem gelben Schnellhefter ist alles nachzulesen, was geregelt werden muss, wenn man an Turnieren, gleich welcher Art, teilnehmen möchte. Damit man sich besser in dem Buch zurechtfindet, ist es in verschiedene Teile aufgeteilt, die auf verschiedenfarbigem Papier gedruckt sind. Am Ende von Teil A (weißes Papier) finden sich Abbildungen der erlaubten Gebisse, Reithalfter und Hilfszügel. Das ist sehr wichtig! Die grünen Blätter (Teil B) regeln die Bestimmungen des Breitensportes (zum Beispiel Reiterspiele, Geschicklichkeitswettbewerbe und Ähnliches). Auf blauem Papier sind alle Regeln für Dressurprüfungen und auf rosa Bögen die Regeln für Springprüfungen nachzuschlagen. Gelb regelt die Vielseitigkeits- und Geländeprüfungen, während die orangefarbenen Blätter den Fahrprüfungen vorbehalten sind. Teil C befasst sich mit der Rechtsordnung und Teil D mit den Durchführungsbestimmungen.

APO

Die APO (Ausbildungs- und Prüfungsordnung) dient der einheitlichen Ausbildung und Prüfung im Reiten, Fahren und Voltigieren sowie in der Pferdezucht und -haltung. In dem roten Schnellhefter ist alles geregelt, was Vereine und Betriebe, Abzeichen und ihre Abnahme, Lehr- und Organisationskräfte, Turnierfachleute, Fachberater, Pferdepfleger, Therapeutisches Reiten und die Rechtsordnung angeht. Ein „normaler“ Reiter benötigt diesen Hefter eigentlich nicht. Es wäre jedoch gut, wenn der Betrieb eine APO besitzt, in der notfalls nachgeschlagen werden kann.

Die ethischen Grundsätze der FN

1 Wer immer sich mit einem Pferd beschäftigt, übernimmt die Verantwortung für das ihm anvertraute Lebewesen.

2 Die Haltung des Pferdes muss seinen natürlichen Bedürfnissen angepasst sein.

3 Der physischen und psychischen Gesundheit des Pferdes ist unabhängig von seiner Nutzung oberste Bedeutung einzuräumen.

4 Der Mensch hat jedes Pferd gleich zu achten, unabhängig von dessen Rasse, Alter und Geschlecht sowie seinem Einsatz in Zucht, Freizeit oder Sport.

5 Das Wissen um die Geschichte des Pferdes, um seine Bedürfnisse sowie die Kenntnisse im Umgang mit dem Pferd sind kulturgeschichtliche Güter. Diese gilt es zu wahren, zu vermitteln und nachfolgenden Generationen zu überliefern.

6 Der Umgang mit dem Pferd hat eine persönlichkeitsprägende Bedeutung, insbesondere für junge Menschen. Diese Bedeutung ist stets zu beachten und zu fördern.

7 Der Mensch, der gemeinsam mit dem Pferd Sport betreibt, hat sich und das ihm anvertraute Pferd einer Ausbildung zu unterziehen. Ziel jeder Ausbildung ist die größtmögliche Harmonie zwischen Mensch und Pferd.

8 Die Nutzung des Pferdes im Reit-, Fahr- und Voltigiersport muss sich an seiner Veranlagung, seinem Leistungsvermögen und seiner Leistungsbereitschaft orientieren. Die Beeinflussung des Leistungsvermögens durch medikamentöse sowie nicht pferdegerechte Einwirkung des Menschen ist abzulehnen und muss geahndet werden.

9 Die Verantwortung des Menschen für das ihm anvertraute Pferd erstreckt sich auch auf das Lebensende des Pferdes.
Dieser Verantwortung muss der Mensch stets im Sinne des Pferdes gerecht werden.